Antje Bostelmann, Michael Fink

Aktionstabletts – Experimente und Spielangebote

40 Ideen für das Lernen in Krippe und Kindergarten

Impressum

Aktionstabletts – Experimente und Spielangebote
40 Ideen für das Lernen in Krippe und Kindergarten

Autoren
Antje Bostelmann, Michael Fink

Fotos
Barbara Dietl – www.dietlb.de
Ferdinand Bostelmann

Gestaltung
Linda Schirona, Annika Zipperling

Lektorat
Janine Parpart

Druckerei
Druckerei Uwe Nolte, Iserlohn
Gedruckt auf chlorfrei gebleichtem Papier

Verlag
Bananenblau UG (haftungsbeschränkt)
Der Praxisverlag für Pädagogen
Arkonastr. 45–49
13189 Berlin

Telefon: 030 477 96 0
Telefax: 030 477 96 204
E-Mail: info@bananenblau.de
www.bananenblau.de

© Bananenblau 2012
ISBN 978-3-942334-28-0

Die Fotos wurden in den KLAX-Krippen Regentropfenhaus und Sonnenhaus, sowie im KLAX-Kindergarten Glühwürmchen in Berlin aufgenommen.

Inhalt

4 **Vorwort**

5 **Einleitung**

12 **Einsteiger**

14 **Dinge verschwinden lassen: unsichtbar machen**
Ritsch, ratsch, weg
Wo ist Bommel?
Döschen für Alles

16 **Dinge im Fall beobachten: Eingießen lernen**
Riesel Reis
Linsen im Glas
Nürnberger Trichter
Wasser marsch

24 **Dinge im Fall beobachten: ein- und auffüllen üben**
Löffel anlegen

26 **Dinge ordnen: Unterschiede und Gemeinsamkeiten kennenlernen**
Pasta Mista
Rot gegen gelb gegen blau
Drei Farben, drei Dinge
Bunte Nuss
I-Tüpfelchen

34 **Dinge verbinden: Stecken, stapeln und puzzeln**
Toller Steck-Spieß
Lass stecken
Sortier doch mal
Legetäfelchen
Schlaue Stäbchen

40 **Dinge verbinden: Feinmotorik trainieren**
Wie die Perle auf der Schnur
Jim Knopf
Zopf ohne Kopf

44 **Dinge entdecken: Schatzgräber**
Goldgräber
Spieglein, Spieglein an der Wand

48 **Spuren hinterlassen: Gestaltung**
Locker von der Rolle
Mal mal was
Schnipp & Kleb

54 **Einblicke gewinnen: Technik untersuchen**
Schloss und Schlüssel
Passt zusammen
Schalten und walten
In der Maschine
Auf die Schrauben – fertig los!
Mutter Schraube

64 **Zusammenhänge entdecken: Phänomene beobachten**
Schaum-Traum
Zauberhexe Magneta
Von Zeit zu Zeit
Es werde Licht

72 **Ausblick**

74 **Autoren und Verlag**

Tabletts in Krippe und Kindergarten:

Vorwort

Die individuelle Begleitung und Förderung von Kindern wird von pädagogischen Einrichtungen zunehmend geschätzt und umgesetzt. Obwohl Fachleuten und Politikern durchaus bewusst ist, wie wichtig diese moderne Form der pädagogischen Förderung und Interaktion für die Zukunft der Kinder ist, steht sie dennoch im krassen Widerspruch zu den Entwicklungen der finanziellen und materiellen Ausstattung von Kinderkrippen und Kindergärten. Es bleibt für die Institutionen der frühen Kindheit dabei: mit wenig Mitteln und wenig Personal gilt es möglichst viel für die Kinder zu erreichen. Wer sich diesem Motto stellt, muss einfallsreich sein und sich den Alltag mit kleinen Tricks und Ideen erleichtern.

Dabei hilft es, bewährte Dinge, die uns auch sonst das Leben erleichtern, in Krippe und Kindergarten einzusetzen. Warum nicht Arbeits- und Übungsaufgaben für das einzelne Kind auf einem Tablett präsentieren und somit immer zur Hand zu haben, wird sich Maria Montessori gedacht haben, als sie kleine Tätigkeitsarrangements für die Kinder auf Tabletts anordnete. Diesen Gedanken haben wir aufgegriffen und eine ganze Reihe von Aktionstabletts für kleine Kinder gestaltet, die sich leicht nachbauen lassen. Zu jedem Tablett haben wir notiert, wie die Aufgabe variiert werden kann, um die Herausforderung zu steigern.

Die Tabletts haben unterschiedliche Schwierigkeitsgrade – wir beginnen mit Tabletts für junge Krippenkinder und enden bei solchen, die hauptsächlich Einsatz im Kindergarten finden werden.

Die Ideengeberin dieses Buches ist Tanja Laesch, eine Erzieherin aus der Kita Saarstrasse in Lampertheim, die uns eines Tages mit vielen Fragen und spannenden eigenen Ideen zum Einsatz von Tabletts in der Krippe kontaktierte. Sie begleitete die Entwicklung dieses Buches gemeinsam mit unseren Pädagogen. Tabletts gebastelt und für die Praxis geprobt haben die Teams der KLAX-Krippe Regentropfenhaus in der Scherenbergstraße und der KLAX-Krippe Sonnenhaus aus der Asta-Nielsen-Straße, sowie des KLAX-Kindergartens Glühwürmchen in der Biesenbrowerstraße in Berlin. Unsere Fachreferentin Gabriele Hollberg hat die Fotografin Barbara Dietl begleitet und die Fotos für das Buch zusammengestellt.

Und, was denken Sie? Wie immer freuen wir uns über Ihre Fragen und Anregungen, liebe Leser und Leserinnen.

Antje Bostelmann und Michael Fink
Dezember 2011

Einleitung

Welches Tablett ist geeignet?

Benutzen lässt sich jede Art von Tablett, es muss lediglich für Kinderhände gut greifbar sein und von Kindern gut transportiert werden können. Es ist sinnvoll, solche Tabletts auszuwählen, die in die vorhandenen Regale gut hineinpassen.

Der Einsatz von Plastiktabletts eignet sich vor allem bei Wasserexperimenten im Nassbereich. Bei Schüttübungen sollte ein Tablett verwendet werden, das dicht ist und aus dem kein Material herausrieseln kann. Der Rand des Tabletts sollte nicht zu hoch sein, damit die Kinder die Gegenstände auf dem Tablett noch gut erreichen können. Tabletts lassen sich auch sehr gut aus großen Deckeln von Schuhkartons basteln. Einfach den Deckel so lange mit Pappmaché überkleben, bis er ganz fest ist.

Wie entwickle ich die passende Aufgabenstellung für das Tablett?

Erzieherinnen sind Profis im Beobachten ihrer Kinder. Die Beobachtung ist die Grundlage für jede pädagogische Handlung und geht deshalb auch der Erstellung von Tablettinhalten voran.

Folgende Fragen sollten Sie sich vor dem Herstellen und Einsetzen neuer Tabletts immer stellen:

O Welche Tätigkeit übt das Kind gerade häufig aus?

O Für welche Dinge interessiert es sich in der aktuellen Entwicklungsphase?

O Was kann es schon gut, was gelingt ihm noch nicht gut oder noch gar nicht?

Wenn Sie diese Fragen beantwortet haben, sollten Sie Ihre jeweiligen Beobachtungen mit den Eltern im Elterngespräch austauschen und sie nach ihrer Einschätzung fragen. Ein Beispiel für Beobachtungen und daraus abgeleitete Tablettaktionen am Beispiel Max finden Sie in der Tabelle auf der nächsten Seite. Gemeinsam legen Sie nun fest, welche Herausforderungen das Kind braucht, um die nächste Entwicklungsstufe zu erreichen. Überlegen Sie, welches Material, welche Themen oder welche Handlungen das Kind in den nächsten Wochen herausfordern könnten. Auch die Eltern können sich dem anschließen und für das Kind zu Hause ähnliche Herausforderungen schaffen. Max wird also in den nächsten Wochen immer komplexere Sortieraufgaben bekommen und dabei ganz unbewusst Feinmotorik und Konzentration trainieren. Dann blicken Sie noch einmal auf ihre Kindergruppe. Welche anderen Kinder könnten auch von dieser Herausforderung profitieren? In einer ungefähr altershomogenen Gruppe ist zu erwarten, dass mehrere Kinder ähnliche Herausforderungen brauchen wie Max. Ist Max das einzige Kleinkind in einer größeren Altersmischung, bekommt er sein eigenes Tablett mit einer seiner Entwicklung entsprechenden Aufgabe. Nun wissen Sie, wie viele verschiedene Aufgaben Sie für die Kinder entwickeln und bereitstellen sollten. Außerdem können Sie den Schwierigkeitsgrad der Aufgabenstellung auf die unterschiedlichen Entwicklungsstände abstimmen.

	Beobachtung	Herausforderung	Vereinbarung
Kindergarten /Krippe	Max 1 Jahr und 8 Monate sortiert sehr gern Dinge. In der Bauecke stellt er immer wieder die Tiere in das Regal zurück und achtet darauf, dass Tiere und kleine Autos nicht zusammen in einem Fach stehen.	Es würde Max herausfordern, komplexere Sortieraufgaben zu bekommen. Beim Sortieren könnte er seine Fingerfertigkeit und seine Feinmotorik trainieren. Außerdem würde eine Übung auf dem Tablett sein Konzentrationsvermögen steigern.	Wir könnten versuchen, Max ein Sortiertablett anzubieten. Er könnte Nudeln oder verschiedenfarbige Kugeln sortieren. Wir werden ihm dazu einen Löffel anbieten, damit er auch seine Feinmotorik trainieren kann.
Eltern	Zu Hause sortiert Max auch gern Dinge. Vor allem Haushaltsgegenstände werden von ihm untersucht und in Gruppen geordnet.	Die Eltern wollen darauf achten, dass Max auch zu Hause Gelegenheit bekommt, Dinge zu sortieren.	Zu Hause könnte Max am Wochenende helfen, den Tisch zu decken oder das Geschirr nach dem Abwaschen wegzustellen.

Sie können für jedes Kind ein Tablett mit einer Aufgabe anfertigen oder für die Gruppe unterschiedliche Tabletts erstellen, die dem allgemeinen Interesse und Entwicklungsstand der Kinder entsprechen. Dies hängt sehr davon ab, wie ihre Gruppe zusammengesetzt ist und welches Alter die Kinder haben. Auf jeden Fall erleichtern Ihnen vorbereitete, der Altersgruppe entsprechende Tabletts mit Aufgabenstellungen das tägliche Eingehen auf die unterschiedlichen Altersgruppen, Entwicklungsstände und Lerntypen in Ihrer Gruppe.

Wie bereite ich eine Aufgabenstellung auf dem Tablett vor?

Überlegen Sie zuerst, was das Kind lernen oder welche seiner Fähigkeiten und Fertigkeiten trainiert werden sollen. Finden Sie eine geeignete Übung für dieses Ziel. Legen Sie dann fest, welche Materialien für die Übung gebraucht werden und beschaffen Sie diese Materialien.
Nun legen Sie fest, in welchen Schwierigkeitsstufen Sie das Tablett variieren wollen, welche Materialien Sie zuerst auf dem Tablett anordnen und welche Sie später hinzufügen oder austauschen werden.

Beispiel Schütt-Tablett:

Das Kind soll das sichere Eingießen von Flüssigkeiten erlernen. Auf dem Tablett stellen Sie die Situation der Selbstbedienung, analog zu den gemeinsamen Malzeiten, nach. Die Kanne, die auch sonst zu den Mahlzeiten verwendet wird, sowie ein Becher stehen auf dem Tablett. Verwenden Sie anfänglich Maisgrieß statt Wasser, denn verschütteter Grieß lässt sich leicht wieder in die Kanne zurückgießen.

Bereiten Sie das Tablett so vor, dass Kanne und Becher nebeneinander stehen und die Kanne mit Grieß gefüllt ist. Das Kind kann nun versuchen, den Grieß in den Becher zu schütten.

Beherrschen die Kinder diese Tätigkeit, wird der Becher durch eine Flasche mit Trichter ersetzt. Gelingt es den Kindern, den Grieß sicher mit Hilfe des Trichters in die Flasche zu schütten, wird in der nächsten Stufe der Trichter weggelassen.

Der Anregungscharakter der Aufgabenstellung

Offene Aufgabenstellung:
Die auf dem Tablett zu erledigende Aufgabe muss sich selbst erklären. Das bedeutet, dass die arrangierten Gegenstände so zueinander in Bezug stehen, dass die Aufgabe klar wird. Die Aufgabenstellung wird offen angeboten. Das bedeutet, dass die Steck-

pyramide nicht ordentlich aufgetürmt auf dem Tablett steht, sondern die Ringe neben dem Holzstab liegen. Dadurch wird das Kind angeregt, auszuprobieren, ob sich die Ringe auf den Holzstab fädeln lassen. Dieses Prinzip des offenen Arrangements gilt für alle Tabletts im Krippen- und Kindergartenbereich.

Übersichtlichkeit und Ordnung

Schaffen Sie Einteilungen auf dem Tablett. Ordnung und Struktur sind wichtige Punkte, die dafür sorgen, dass das Tablett übersichtlich und die Aufgabe selbsterklärend bleibt. Bei vielen Kindergartenausstattern können Sie bereits unterteilte Tabletts kaufen. Sie können aber auch den Schuhkartondeckel mit Pappstreifen versehen, und so Einteilungen schaffen. Ist Ihnen dies nicht möglich, stellen Sie in jedem Fall Materialschalen auf das Tablett, um eine gewisse Ordnung herzustellen.

Raum für Kreativität lassen

Nutzen Sie die Neugier der Kinder wenn Sie ein Tablett entwickeln. Legen Sie alle Dinge so bereit, dass die Kinder Lust verspüren, sich mit dem Material auseinanderzusetzen.
Lassen Sie die Kinder experimentieren. Es kommt nicht darauf an, dass jeder die Aufgabe auf die gleiche Weise löst. Jedes Kind sollte die Möglichkeit haben, die Dinge auf dem Tablett mit eigenen Gedanken und Ideen zu untersuchen.

Alles beieinander – das Tablett als Ordnungsprinzip

Warum muss es unbedingt ein Tablett sein? Ein größeres Blatt Papier oder ein Tischuntersetzer würden es doch auch tun. Das ist zwar richtig, aber mit dem Tablettprinzip kann man die Aufgabe oder das Betätigungsfeld für das Kind eindeutiger mit einem Rahmen versehen. Dieser Rahmen zeigt den eigenen Arbeitsplatz an und macht deutlich, welche Dinge zu der Aufgabe gehören. Mit Hilfe eines Tabletts lassen sich die Aufgabe und der Arbeitsplatz sicher transportieren. Das Tablett bildet somit einen transportablen Rahmen für die Dinge, die zu einer Aufgabe gehören. Auf dem Tablett lässt sich die fertige Leistung aufbewahren und ausstellen. Sei es die fertig gefädelte Kette, die erledigte Sortierübung, das zusammengesteckte Puzzle – auf dem Tablett bleibt die Arbeit wie sie ist und kann auch im Regal noch betrachtet werden.
Mit Hilfe von Tabletts finden alle Dinge leicht an ihren Platz zurück und können von dort aus wieder benutzt werden. Tabletts sind nicht nur eine Angebotshilfe, sie sind vor allem auch eine Aufräumhilfe. Gerade kleinen Kindern sind Ordnung und Struktur wichtig. Sie geben ihnen Sicherheit und Orientierung im Raum. Deshalb sind kleine Kinder auch gern bereit, die Dinge an ihren Platz zurückzubringen, wenn die Spielzeit beendet ist. Mit einem Tablett geht dies ganz leicht.

Lernspaß Tablett – die selbsterklärende Aufgabe auf dem Tablett

Entdecken, trainieren, üben, wiederholen, erfinden, neu kombinieren – all das sollten die Arrangements auf dem Tablett ermöglichen. Sicher, der Pädagoge muss seine Phantasie und sein Fachwissen nach Kräften bemühen, um spannende und anregende Aufgaben zu erfinden. Aber die Mühe lohnt sich. Konzentrierte, in eine Handlung vertiefte Kinder sind der Dank für gelungene Aktionstabletts.

Es hängt ganz von Ihnen und Ihren räumlichen und personellen Möglichkeiten ab, welche Handlungen Sie auf einem Tablett anbieten wollen. So eignen sich Mal- und Basteltabletts besonders für Einrichtungen mit wenig Platz für ein eigenes Atelier. Ist ein Atelier vorhanden, werden diese Tabletts überflüssig, denn Malen, Kleben, Schneiden und Reißen kann dort sehr großzügig ohne den Zwang, gleich wieder aufräumen zu müssen, angeboten werden. Auf dem Tablett sind diese Tätigkeiten praktisch, wenn der Tisch beispielsweise bald wieder für das Essen freigemacht werden muss.

Also, ob Sie ein Tablett einsetzen oder den Kindern das Angebot in einer anderen Form bieten, hängt von Ihren Rahmenbedingungen ab. Tabletts sind in bestimmten Zusammenhängen praktisch, es ist aber nicht sinnvoll, unbedingt alle Dinge auf Tabletts anbieten zu wollen.

Drumherum – was für die Arbeit mit Tabletts noch wichtig ist

Tabletts brauchen einen Ort an dem sie aufbewahrt werden können. Für die Tabletts, die die Kinder im Tagesablauf frei benutzen können, sollte es ein Regal sein, in das die Tabletts gut hineinpassen und das so niedrig ist, dass die Kinder gut herankommen und die Angebote des Tabletts sehen können. In der Nähe dieses Regals muss es einen Tisch oder eine sogenannte Manipulierbank geben, an der die Kinder mit dem Tablett gut arbeiten können. Ganz kleine Kinder stellen das Tablett auch gern auf den Fußboden und setzen sich davor.

Tabletts, die von den Pädagogen gezielt eingesetzt werden und die nur unter Beobachtung oder Begleitung des Pädagogen benutzt werden, werden auf einem hohen Regal aufbewahrt. Das Regal sollte in Augenhöhe der Erwachsenen angebracht sein, so dass die Pädagogen auf den Inhalt des Tabletts schauen können. Sie geben es dem Kind herunter, wenn dieses danach verlangt oder der Pädagoge Zeit für eine gemeinsame Übung hat. An dem Regal können Fotos von den Tabletts angebracht sein, damit die Kinder und die Pädagogen gut sehen können, welches Tablett auf dem Regal steht.Tabletts die nur unter Aufsicht der Erwachsenen eingesetzt werden sollen, werden auf dem Rand mit einem kleinen Aufkleber gekennzeichnet. In unseren Einrichtungen wird dazu ein Symbol mit einem Auge verwendet.

Manchmal kann es hilfreich sein, auf das Tablett ein Foto von den darauf befindlichen Gegenständen zu kleben. Dann können die Kinder leicht sehen, was auf das Tablett gehört und wie es aussehen muss, wenn es in das Regal gestellt wird. Diesen Effekt erzielt man aber auch mit Fotos, die in das Regal auf den Regalboden oder an die Seitenwand des Regals geklebt werden.

Grundprinzipien der Arbeit mit dem Tablett

Damit Ihre Arbeit mit dem Tablett erfolgreich ist, sollten Sie sich folgende Fragen stellen, bevor Sie den Kindern das Tablett geben:

- Ist die Aufgabe auf dem Tablett selbsterklärend?
- Ist die Anordnung der Gegenstände auf dem Tablett übersichtlich?
- Befinden sich auf dem Tablett Fächer oder sind die Materialien mit Hilfe von Schalen sortiert?
- Ist die Sortierung der Materialien leicht nachvollziehbar?
- Stehen die Materialien auf dem Tablett so in Beziehung zueinander, dass sie zu einer Tätigkeit anregen?

Pädagogisches Austauschlager: ein Ort für Lernvorbereitungen

In vielen Bundesländern gibt es inzwischen auch Vorbereitungszeiten für Erzieher. Dieser bisher nur den Lehrern vorbehaltene Teil der Arbeitszeit, wird nun auch von Erziehern in Kindergarten und Krippe genutzt. Die Vorbereitungszeit ist meist jedoch viel zu kurz, um dafür nach Hause zu gehen. Auch sind oft alle Materialien und Dokumentationen in der Einrichtung. Viele Einrichtungen haben jedoch keinen Raum für die vorbereitende Tätigkeit der Pädagogen vorgesehen und so rückt meist die Leiterin ein Stückchen, um auf ihrem Schreibtisch ein Plätzchen frei zu machen oder die Kolleginnen an den einzigen Computer heranzulassen. Doch pädagogische Vorbereitung ist weitaus mehr als Schreibarbeit. Ist die Beobachtung einmal aufgearbeitet, geht es darum, den Kindern spannende Angebote zu machen. Dafür muss Material zusammengestellt und aufbereitet werden. Dies macht man am besten im Team und nutzt dafür die in der Einrichtung vorhandenen Materialien.

Aber es wäre doch schade, wenn diese, in Kisten gestopft, in irgendwelchen schwer zugänglichen Lagern in Vergessenheit geraten. Wir empfehlen allen Kindereinrichtungen für diesen Zweck ein „pädagogisches Austauschlager" anzulegen. Es kann in einem kleinen Raum eingerichtet werden. Wer diesen nicht zur Verfügung hat, kann ein größeres Regal im Pausenraum oder im Büro aufstellen.

Wichtig ist, dass alle Materialien gut sichtbar und sortiert im Regal aufbewahrt sind. Alle Kollegen sollten auf einen Blick sehen können, was vorhanden ist. Deshalb ist es gut, Nudeln, Perlen und Co. in durchsichtigen, verschließbaren Gläsern aufzubewahren. Andere Materialien lagern in transparenten Plastikboxen. Beschriften Sie das Regal, damit alle Dinge immer wieder an ihren Platz zurückfinden.

Vorbereitete Tabletts finden ebenfalls im Regal Platz. Sie werden zwar im Moment nicht in der Gruppe benötigt, sind so aber einsatzbereit und von jeder Kollegin, auch der Vertretung in der Gruppe, leicht zu finden. Tabletts, für die die Kinder zu groß geworden sind, landen wieder im Austauschlager und warten dort auf die nächste Entdeckergeneration.

Achtung:

Das Tablett ersetzt kein freies Spiel mit Material. Zum freien Entdecken und Spielen ist ein Aktionstablett kaum geeignet, denn es bietet ja eine sehr reduzierte Materialauswahl statt Fülle. Zusätzlich zu Aktionstabletts brauchen Krippe, Tagespflegestelle und Kita jede Menge offener Materialangebote, bereitgestellt in offenen Regalen, sowie die Möglichkeit für die Kinder, mit allen ungefährlichen Alltagsmaterialen experimentierend umzugehen. Merke: Aktionstabletts ergänzen das Angebot an experimentell benutzbarem Material, ersetzen es aber niemals!

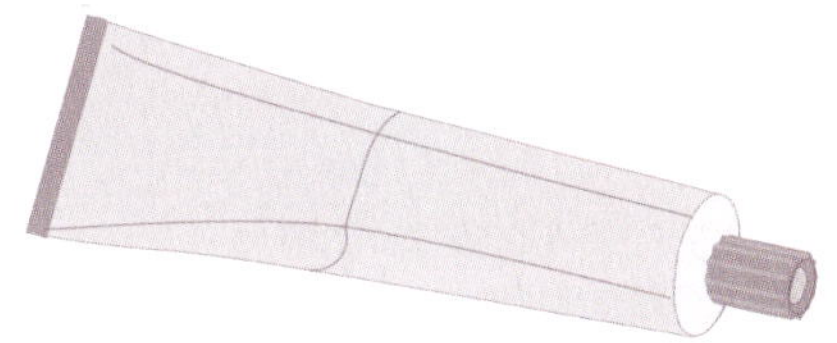

Rangekrabbelt und mühsam hochgereckt in den Sitz:

Einsteiger: Drei Tabletts für Krabbel-Nutzer

So werden die jüngsten Tablett-Bespieler sich der Sache nähern. Die vier Kanten des Tabletts bieten ihnen einen klaren Rahmen, um darauf die Untersuchungen zu starten mit denen sie in den nächsten Jahren alle Dinge in ihrer Umgebung erkunden werden – elementare Experimente eben. Diese Spielhandlungen sind Ausgangspunkt für viele der auf den kommenden Seiten vorgestellten Tabletts – hier zunächst in einer ganz einfachen Form.

Versteck-Dosen-Tablett

Ich kann einen Gegenstand verschwinden lassen, indem ich ihn in eine Umhüllung stecke: Für die einfachsten Formen dieses elementaren Experiments brauchen die Kleinsten nur eine Dose mit großer Öffnung und Gegenstände, die sich leicht oder schwieriger, mit oder ohne Klangeffekt dort hineinstecken lassen. Bei diesem Beispiel erzeugt das Hineinwerfen in die Dose beachtliche Klang-Effekte – genau das richtige für Kinder im Funktionsspielalter!

Stapel-Turm-Tablett

Schon früh versuchen kleine Kinder auch, durch Stapeln Höhen zu erreichen – also gehören auf erste Tabletts stapelbare Dinge wie ein fertiger Steckturm oder auch ein Set größerer und kleinerer Bausteine. Gerade hierbei macht sich das Tablett-Prinzip positiv bemerkbar, denn beim Bauen von Stapeltürmen arbeiten Kinder gerne alleine und ungestört. Besser als auf dem Fußboden, umrauscht vom Spiel der anderen, stapelt es sich auf dem Tablett, auf dem das Bauwerk auch eine Weile stehenbleiben darf, wenn es dessen kleiner Konstrukteur möchte.

Steck-Turm-Tablett

Irgendwie das Gegenteil des Hineinsteckens: Wenn Kinder Dinge mit Öffnungen auf Stangen aufstecken, entsteht eine Art Verbindung zwischen den Dingen. Denn Interesse von Kleinstkindern am Stecken kann mit Tabletts entsprochen werden, auf denen Steckpyramiden mit vielfältigen Formen von Ringen stehen. Das können alltägliche Dinge sein wie abgeschnittene Papprollen – oder auch Armreifen, wie hier.

Versteck-Tablett:

Ritsch, ratsch, weg

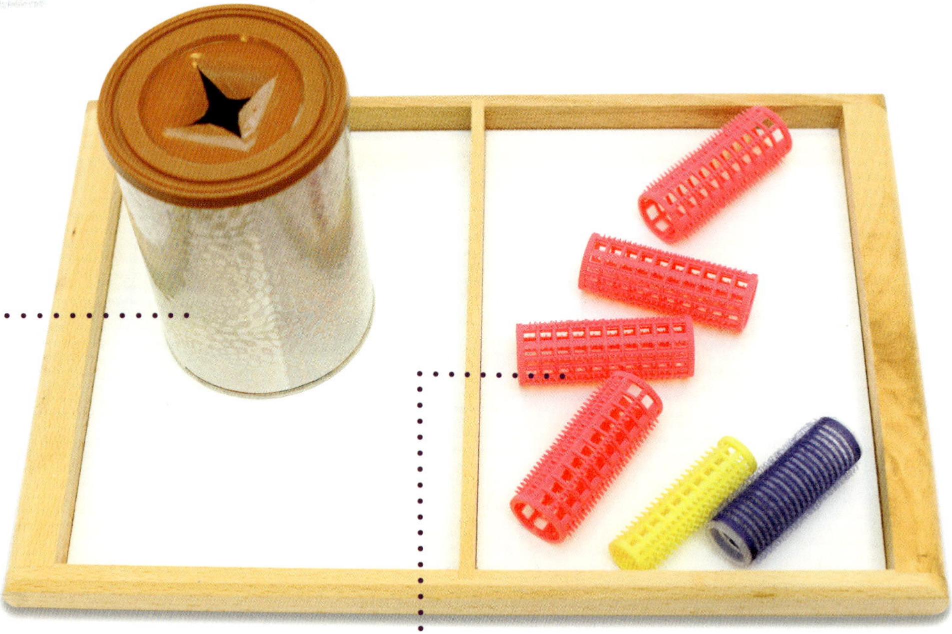

Metalldose mit Plastik-
deckel, der kreuzweise
eingeschlitzt wurde

Lockenwickler in ver-
schiedenen Größen
und Farben

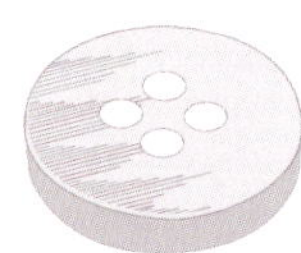
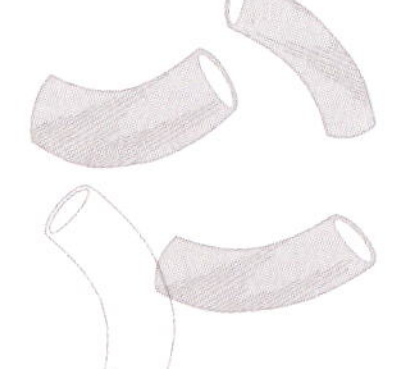

Was kann man mit dem Tablett tun?

Schnell begreifen Kinder die Aufgabenstellung dieses Tabletts: In den Schlitz im Deckel lassen sich die Lockenwickler hineinstecken, um sie in der Dose verschwinden zu lassen. Durch die geriffelte Oberfläche der Lockenwickler ertönt beim Hineinstecken immer ein ratschendes Geräusch, das sich je nach Steckgeschwindigkeit und Oberfläche des jeweiligen Lockenwicklers unterscheiden wird. Weil die Lockenwickler verschiedene Farben haben, liegt es nahe, sie nach Farben sortiert einzustecken, zum Beispiel erst die roten, dann die gelben… So wird das Ganze zur Sortierübung.
Sind alle Lockenwickler in der Dose, öffnet das Kind diese, um all die bunten Rollen wieder zu entdecken – das Spiel kann neu beginnen!

Was kann das Kind dabei untersuchen und lernen?

Objektpermanenz untersuchen: Sind Dinge weg, die ich hineingesteckt habe oder nur verborgen?
Den Fall untersuchen: Nach dem Hineinstecken hört man deutlich das Plumpsen der Dinge in der Dose.
Auge-Hand-Koordination üben: Nur aufrecht und mit etwas Druck passen die Lockenwickler in den Dosenschlitz.
Akustische Phänomene entdecken: Erst ratscht es, dann ertönt ein Plumpsen.
Eine Ordnung schaffen: Stecke ich die Lockenwickler nach Farbe oder Größe sortiert hinein?
Anzahlen erfassen: Vier der sechs Lockenwickler sind schon in der Dose. Wie viele noch nicht?
Feinmotorik trainieren: Wer schafft es, den Deckel von der Dose abzuziehen und wieder fest aufzusetzen?

Worauf muss man achten?

Verletzungen, die durch Hineinstecken der ganzen Hand am Deckel entstehen könnten, werden vermieden, indem wir die Enden der vier Laschen am Einschnitt abrunden und regelmäßig überprüfen, ob das Plastik nicht eingerissen ist. Ungefährlich, aber mitunter ärgerlich: Jede Einsteckdose werden die Kinder auch zum Verschwindenlassen anderer Dinge verwenden. Regelmäßig nachkontrollieren lohnt!

Versteck-Tablett:

Wo ist Bommel?

Was kann das Kind dabei untersuchen und lernen?

Statt der harten, kratzigen Lockenwickler stecken die Kinder hier weiche Pompons, die sich schön anfühlen und aussehen, durch den Deckel in die Dose. Im Unterschied zum Lockenwickler-Tablett müssen hier die hineinzusteckenden Dinge gequetscht werden, um sie hineinzubekommen. Schüttelt man die Dose mit einem Pompon, ertönt nur ein dumpfes Geräusch, während sich bei mehreren Pompons innen drin nichts mehr zu rühren scheint – auch eine interessante Erfahrung. Wer ganz geschickt ist, kann versuchen, aus der umgedrehten Dose oder durch gezielten Griff durch das Deckelloch Pompons wieder herauszuziehen.

Döschen für Alles

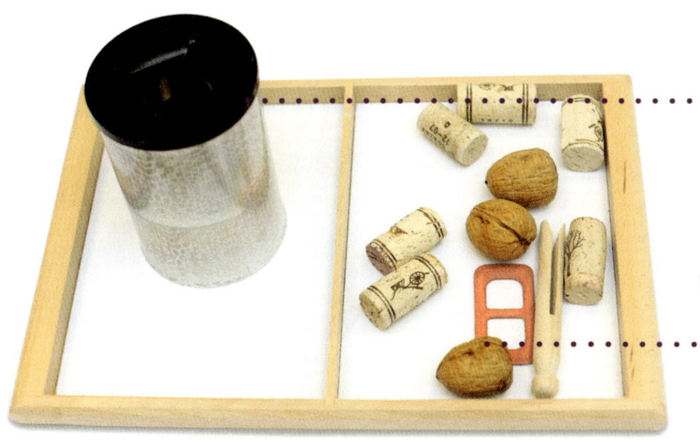

Was kann das Kind dabei untersuchen und lernen?

Wenn nicht gleiche Gegenstände unterschiedlicher Farbe, sondern Gegenstände unterschiedlicher Form und Konsistenz bereitliegen, um in die Dose gesteckt zu werden, verändern sich die Erfahrungsmöglichkeiten in Richtung Motorik und Akustik: Die runde Walnuss kann das Kind von jeder Seite aus in die Dose stecken, die langen Klammern nur von der spitzen Seite aus. Flache Dinge wie die Gürtelschnalle passen womöglich am besten, wenn man sie genau in einen der gekreuzten Einschnitte einführt. Und beim Aufprall in der Blechbüchse klingt jedes Ding anders: Die weicheren Korken eher dumpf, heller und klarer die Holzklammer, scheppernd die Gürtelschnalle.

Schütt-Tablett:

Riesel Reis

Was kann man mit dem Tablett tun?

Einjährige lieben es, zu schütten. Besser als beim Schütten von Wasser kann man bei „trägen" Massen wie Reis beobachten, wie das Schüttgut beim Schrägstellen ins Rutschen gerät und plötzlich wie entfesselt herabrinnt und fällt. Die einfachste Variante eines Tabletts zum Thema Schütten besteht aus zwei Gefäßen, von denen das eine mit einer schüttfähigen Masse gefüllt ist, das andere leer. Wie Kinder automatisch am Wasserhahn beginnen, Wasser von einem Becher zum anderen zu schütten, können sie auch am Tablett loslegen – ohne Überschwemmung allerdings. Zäh – und damit gut zu beobachten – fließt der Reis von Gefäß zu Gefäß und macht dabei ein angenehmes, rasselndes Geräusch.

Was kann das Kind dabei untersuchen und lernen?

Motorik trainieren: Die Hebelbewegung des Armes üben, genau wie die Drehbewegung des Handgelenkes.

Auge-Hand-Koordination üben: Es gilt, zielsicher und ohne große Streuverluste den Reis von Gefäß zu Gefäß bekommen!

Selbstkonzept entwickeln: Gut einschenken zu können, ist wie alle alltagsnahen Übungen etwas, was kleine Kinder mit dem Gewinn an Autonomie verbinden: „Kann ich schon selbst!"

Schwerkraft erfahren: Leicht schräggestellt, rutschen die Reiskörner im Gefäß, bei starker Schrägstellung fallen sie. Warum?

Schütt-Tablett:

Linsen im Glas

Was kann das Kind dabei untersuchen und lernen?

Diese erweiterte Variante eines Schütt-Tabletts verbindet die Freude am Schütten mit einer kognitiven Herausforderung: In einem Krug stehen Linsen bereit, aber zum Aufnehmen dieser stehen zwei Becher da. Automatisch werden Kinder Mutmaßungen über Mengen anstellen: Passt der Inhalt des Kruges in einen der Becher oder beide? Sollte ich beide Becher gleich voll füllen oder erst einen voll und den eventuellen Rest in den anderen? Gerade bei zwei verschiedenen Bechern entscheiden sich Kinder oft für eine Umfüll-Kette: Erst den größeren Becher füllen, um diesen dann in den kleinen weiter umzufüllen.

Schütt-Tablett:

Nürnberger Trichter

Was kann das Kind dabei untersuchen und lernen?

Eine Schütt-Tablett-Variante für Profis: Hier wird das Schüttmaterial Maisgrieß (auch unter dem Namen „Polenta" erhältlich) durch den engen Flaschenhals geschüttet, was ohne das Hilfsmittel Trichter nicht möglich ist. Der Trichter bietet andererseits zusätzliche Beobachtungsmöglichkeiten für das experimentierende Kind, denn nur langsam rieselt der Gries in seiner Mitte nach unten, um dann scheinbar doppelt so schnell in die Flasche zu fließen. Die gleiche Menge Gries sieht in der Flasche völlig anders aus als im breiteren Messbecher. Spannend ist auch der Rückweg, bei dem die Flasche über dem Messbecher ausgeschüttet wird.

Schütt-Tablett:

Wasser marsch

Was kann man mit dem Tablett tun?

Ebenfalls ein ganz einfaches Tablett, das in ganz offensichtlichem Zusammenhang zu einer alltäglichen Situation, nämlich dem Einschütten von Getränken in den eigenen Becher, steht. Wie viele Tabletts hat dieses einen Katalysator-Effekt: Mit ihm können die Kinder fleißig das Eingießen üben, um in der Essenssituation dann nicht durch allzu großes Spielbedürfnis immer den Tisch unter Wasser zu setzen – und außerdem sind sie schneller fähig, diesen Vorgang selbstständig und selbstbewusst durchführen zu können.

Was kann das Kind dabei untersuchen und lernen?

Feinmotorik und Auge-Hand-Koordination trainieren: durch möglichst sicheres Kippen der Kanne, ohne dass durch zu schräge Haltung das Wasser weit über die Tülle fließt. Ebenso ist ja auch das Trinkglas mit der zweiten Hand festzuhalten!
Selbstwirksamkeit ausbauen: weil das Kind hierbei wichtige Voraussetzungen für selbstständiges Essen trainiert.
Mengenverhältnisse intuitiv verstehen: indem das Kind den Inhalt der bauchigeren Kanne und dem schmaleren Glas durch deren Durchsichtigkeit vergleichen kann und indem es feststellt, wie in einem Gefäß immer mehr und im anderen immer weniger drin ist.

Worauf muss man achten?

Auch hier muss das Wasser regelmäßig ausgetauscht werden und die Gläser ganz normal gespült werden, um Ansteckungen der Kinder untereinander zu vermeiden.
Gefärbtes Wasser macht das Schütten besser sichtbar und spannender.

Löffel-Tablett:

Löffel anlegen

- Maisgrieß als Schüttgut
- ein Kaffeelot, ein großer oder kleiner Löffel
- zwei Holzschälchen

Was kann man mit dem Tablett tun?

Dieses Löffel-Tablett ist schnell verstanden: Ausgangspunkt ist eine Schale, Ziel eine andere, und als Werkzeug liegen zwei verschieden große Löffel oder ein Kaffeelot bereit. Schnell beginnen Kinder, den Inhalt von einem zum anderen Gefäß zu löffeln – und trainieren damit das, was beim Essen nicht so intensiv zu üben ist. Das Tablett ermöglicht dem Kind, zwei ganz typische elementare Spielhandlungen im Kleinen auszuprobieren: Das Transportieren von Dingen und die Beobachtung des Falls beim Rieselnlassen des Grießes.

Was kann das Kind dabei untersuchen und lernen?

Feinmotorik und Auge-Hand-Koordination trainieren: durch möglichst waagerechtes Halten des Löffels beim Transport, bei fast geleerter Schale auch durch das diffizile Aufnehmen der letzten Gries-Reste.

Selbstwirksamkeit ausbauen: weil das Kind hierbei wichtige Voraussetzungen für selbstständiges Essen trainiert.

Mengenverhältnisse intuitiv verstehen: indem das Kind mal den großen, mal den kleinen Löffel nimmt und feststellt, dass bei dem kleineren deutlich länger gelöffelt werden muss.

Worauf muss man achten?

Gerne wird die junge Zielgruppe des Tabletts vom Maisgrieß kosten, was ungefährlich ist und gut schmeckt. Aber es bedeutet, dass wir die Löffel sowie den Grieß aus Hygienegründen regelmäßig reinigen beziehungsweise austauschen müssen.

Sortier-Tablett:

Pasta Mista

Gefäß mit
Nudeln
(in zwei Farben)

Zuckerzange

zwei Holzschälchen

Was kann man mit dem Tablett tun?

Mit dem Nudel-Tablett wird das Kind eingeladen, aus vermischten Dingen eine Ordnung zu schaffen – genau wie Aschenputtel im Märchen. Zwei Sorten Nudeln liegen zunächst vermischt im Töpfchen, und die zwei leeren Gefäße fordern das Kind auf, die Nudeln dort sortiert umzufüllen. Feinmotorisch interessant wird die Sache, weil die Zuckerzange bereitliegt, mit deren Hilfe man die Nudeln vorsichtig einzeln aufnehmen und ohne sie zu verlieren umlagern kann.

Was kann das Kind dabei untersuchen und lernen?

Feinmotorik trainieren: beim Greifen und transportieren der Nudeln mit der Zuckerzange Dinge nach einem einfachen Unterscheidungsmerkmal klassifizieren – beim Sortieren der Nudeln.

Mengen und Anzahlen verstehen: anhand der wachsenden Zahl an Nudeln in den beiden Sortier-Gefäßen.

Worauf muss man achten?

Nudeln regelmäßig erneuern, weil sie vermutlich auch gern belutscht werden, dann an der Luft trocknen und damit leicht zersplittern.

Drei-Farb-Tablett:

Rot gegen gelb gegen blau

drei kleine Gläser
mit Wasser, gefärbt
mit Lebensmittel-
farbe

eine Pipette

ein Löschblatt

Was kann man mit dem Tablett tun?

Die drei Gefäße mit Farbwasser lassen ein Bedürfnis der Kinder zum Zuge kommen, das beim Malen sonst eher stört: Kinder reizt es zu Recht, farbige Flüssigkeiten miteinander zu mischen, denn kaum kann man bessere Erfahrungen zum Thema Farbmischung machen wie hier.

Pipette und Löschblatt legen nahe, zunächst nicht gleich die Gefäße mit Farbwasser direkt zu vermischen – was im Verlauf des Spiels am Tablett allerdings irgendwann bestimmt gemacht wird. Aber erstmal macht es Freude und erfordert äußerste Konzentration, von den drei Farben je eine geringe Menge mit der Pipette aufzunehmen und entweder über- oder nebeneinander zu tropfen. Auch das Erzeugen von Mustern liegt nahe.

Was kann das Kind dabei untersuchen und lernen?

Feinmotorik und Auge-Hand-Koordination trainieren: beim sorgfältigen Hantieren mit der Pipette.

Phänomenen begegnen 1: In der Pipette kann Wasser, bedingt durch das Nachlassen des Drucks mit den Fingern, aufwärts gesaugt werden.

Phänomenen begegnen 2: Neue Farben entstehen durch das Vermischen.

Phänomenen begegnen 3: Der Tropfen auf dem Löschblatt vergrößert sich, indem das Papier die Feuchtigkeit aufsaugt und verteilt. Wahrnehmung verfeinern – durch genaue Beobachtung der drei Phänomene.

Worauf muss man achten?

Farbwasser sieht lecker aus und befindet sich in vertrauten Trinkgefäßen – bitte ausschließlich Lebensmittelfarbe verwenden!

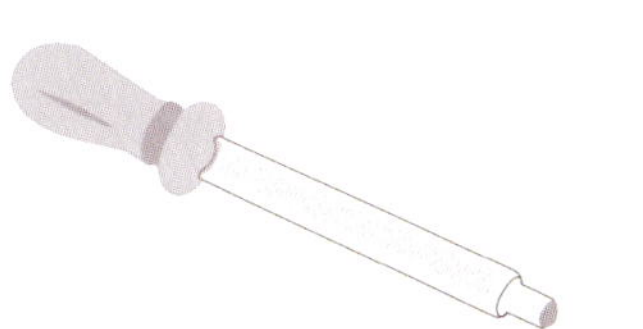

Sortier-Tablett:

Drei Farben, drei Dinge

drei Schalen (eine gelbe, eine rote, eine blaue)

ein kleiner durchsichtiger Behälter (gefüllt mit unterschiedlichen Dingen in den Farben Rot, Gelb und Blau)

Was kann das Kind dabei untersuchen und lernen?

Feinmotorik: Beim Herausholen der Dinge aus dem Gefäß trainieren Kinder Pinzettengriff und Auge-Hand-Koordination. Gefühl für Anzahlen: Sind die drei Gefäße schon gleich voll?

Farberkennung, Unterscheidung und Zuordnung: Ziemlich automatisch entstehen beim Sortieren Kategorien.

Sortier-Tablett:

Bunte Nuss

Was kann das Kind dabei untersuchen und lernen?

Statt feiner, schwer mit der Zange zu greif-
ender Nudeln liegt auf dieser deutlich
einfacheren Variante von „Pasta Mista" eine
Handvoll mit ungiftiger, wasserfester Farbe
angemalter Walnüsse bereit, dazu ein Kaffeelot und eine Pralinenverpackung, ausgelegt
mit Papierkreisen in der gleichen Farben wie
die Nüsse. Das Kind kann ausprobieren, je
eine Nuss mit dem Kaffeelot aufzusammeln
und in das entsprechende Farbfeld abzu-
liefern. Überschaubarer ist damit natürlich
auch die Anzahl der Nüsse, die so schon
kleinere Kinder gut erfassen können.

Sortier-Tablett:

I-Tüpfelchen

 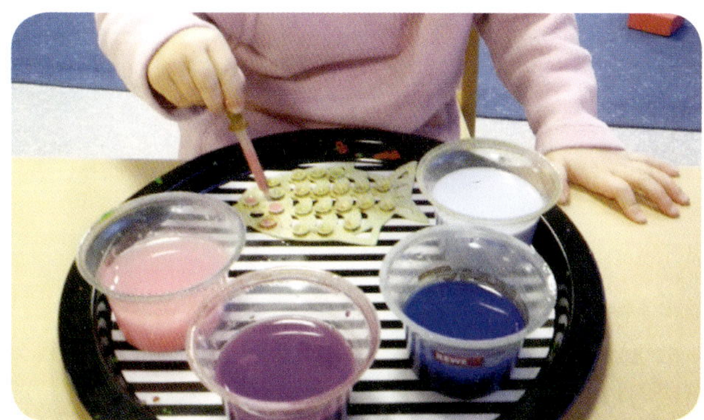

Was kann man mit dem Tablett tun?

Auch Tropfen kann man sortieren: Wenn Kinder mit Wasser experimentieren, geht es normalerweise schwungvoll und großzügig zur Sache, wird üppig umgeschüttet und ohne Angst vor Kleckern geplanscht. Das tut Kindern gut – aber auch das Gegenteil hat seinen Reiz: Ganz behutsam wird gefärbtes Wasser auf diesem Tablett-Arrangement mithilfe einer Pipette aus dem Schälchen tröpfchenweise entnommen, um es in das winzige „Gefäß" in Form einer Noppe der Seifen-Unterlage zu tropfen. Das ist schon ein echtes Geduldsspiel. Aber die Mühe und Sorgfalt wird belohnt, weil die Kinder durch die verschiedenen Farben des Wassers meistens von selbst motiviert werden, ein buntes Muster in den Noppen entstehen zu lassen!

Was kann das Kind dabei untersuchen und lernen?

Ein Phänomen untersuchen: Wieso kann eine Pipette Wasser nach oben ziehen und festhalten?
Feinmotorik trainieren: durch vorsichtiges Entnehmen von Tropfen und noch sensibleres Entlassen des Tropfens über der Seifenunterlagen-Noppe.
Eine einfache Gestaltung entwickeln: durch Erzeugen eines Musters auf den Noppen.

Worauf muss man achten?

Achtung „Verpfriemel-gefahr": Schön ist diese Aufgabe für Kinder, die sich von allen feinmotorischen Tätigkeiten herausgefordert fühlen. Für Kinder, die es eher grob, zackig, heftig und dynamisch mögen, kann das Hantieren schnell zur Tortur werden. Wie für alle anderen Tabletts gilt: Anbieten ja, dazu überreden nein!

Steck-Tablett:

Toller Steck-Spieß

Was kann man mit dem Tablett tun?

Normalerweise bestehen die aufzusteckenden Ringe immer aus einem ähnlichen Material – warum eigentlich? Dieses Steck-Turm-Tablett mit weichen, harten, kratzigen, festen Gegenständen zum Stecken zeigt, wie man die Herausforderung während des Spielens auf hohem Niveau halten kann: Indem sich jeder Gegenstand auf andere Weise aufstecken lässt. Manche Dinge muss man auseinanderziehen, um sie aufzustecken, andere aufdrücken, andere einfach nur auffädeln. Alle Steck-Materialien fassen sich anders an, etwa die kratzige Bürste oder das weiche Haarband: Welch ein Sinnes-Erlebnis!

Was kann das Kind dabei untersuchen und lernen?

Materialeigenschaften begreifen: indem sich jedes Material anders anfühlt, anders aufstecken lässt, schnell oder nur mühsam den Turm hinunterrutscht.
Gestaltung erproben: weil der Turm immer anders aussieht, je nachdem, in welcher Reihenfolge man die Scheiben aufsteckt.

Steck-Tablett:

Lass stecken

● Brett mit mehreren Stangen

● passende, unterschiedlich geformte Steckringe oder andere, gelochte Teile – hier: Aststücke

Was kann das Kind dabei untersuchen und lernen?

Auf einem Tablett können sich Kinder besonders gut auf das bekannte Aufstecken von Dingen auf Stecktürme konzentrieren – eine typische Tätigkeit im Rahmen des Interesses der Kinder am Verbinden von Dingen. Bei diesem Modell kommt neben dem Stecken an sich noch eine ordnende Aufgabe hinzu: Anders als beim klassischen Steckturm mit nach oben immer kleiner werdenden Ringen, die das Kind dann meistens auch in dieser Reihe aufsteckt, gibt es hier keine eindeutig gewünschte Lösung, sondern unterschiedliche Möglichkeiten – etwa auf jedem der drei Türme jeweils unterschiedlich geformte Scheiben zu sammeln oder alle Türme mit einer gleichen Abfolge unterschiedlicher Dinge zu bestecken. Vor dem Stecken oder dabei wird das Kind also beginnen, das zu Steckende zu klassifizieren.

Steck-Tablett:

Sortier doch mal

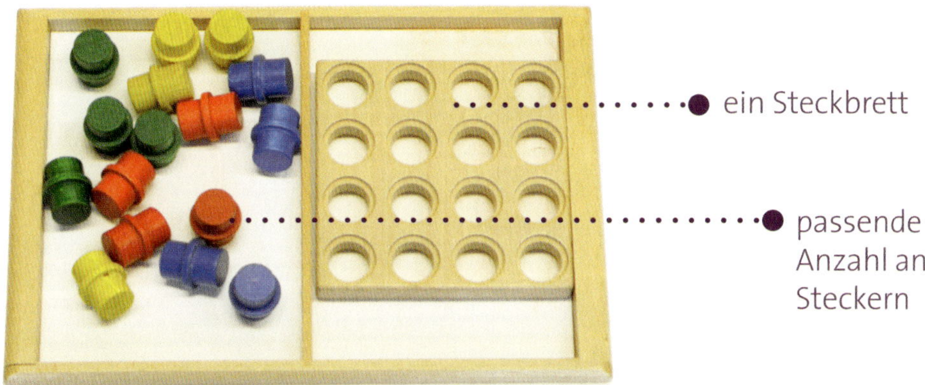

Was kann das Kind dabei untersuchen und lernen?

Hier die Stecker, dort das Steckbrett: Dem klassischen Steck-Spiel tut es gut, auf einem zweigeteilten Tablett Platz zu nehmen. Schon, um nicht immer verlorene Stecker suchen zu müssen. Macht Kindern, die Verbindungen untersuchen, Spaß und fördert Konzentration und Fantasie beim Herstellen von farblichen Mustern!

Puzzle-Tablett:

Legetäfelchen

Legepuzzle mit verschiedenen Motiven

Was kann das Kind dabei untersuchen und lernen?

Eine Abbildung genau beobachten müssen, um das Dargestellte nachbauen zu können: Bei diesem Spiel auf dem Tablett wird neben der Wahrnehmung auch eine später bedeutungsvolle Fähigkeit kompetent in einfacher Form trainiert, nämlich das Nutzen von Plänen zum Herstellen von Etwas.

Puzzle-Tablett:

Schlaue Stäbchen

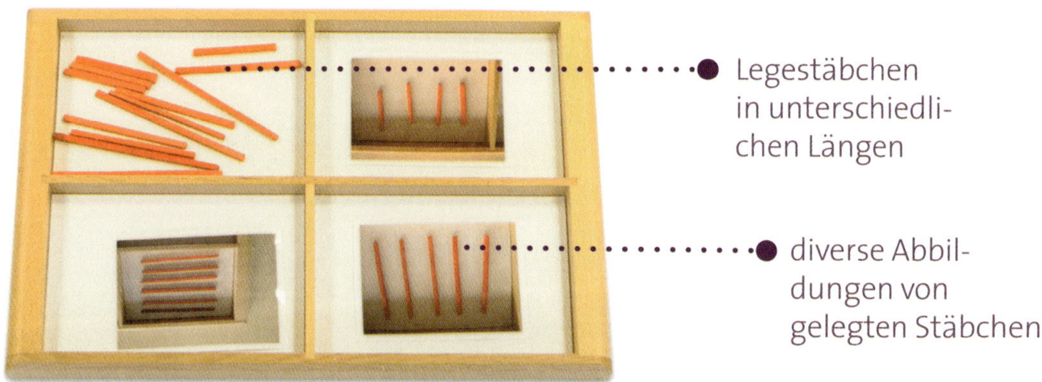

Legestäbchen
in unterschiedli-
chen Längen

diverse Abbil-
dungen von
gelegten Stäbchen

Was kann das Kind dabei untersuchen und lernen?

Genaue Beobachtung ist auch hier Trumpf: Auf Fotos sehen die Kinder Anzahlen an langen und kurzen Stäbchen. Nur durch Zählen können sie nun auf dem Tablett die gleiche Anzahl Stäbchen auslegen. Eine Variation wären Bilder, bei denen die Stäbchen zu bestimmten Ordnungen – Rechtecke, Häuser – hingelegt sind.

Fädel-Tablett:

Wie die Perlen auf der Schnur

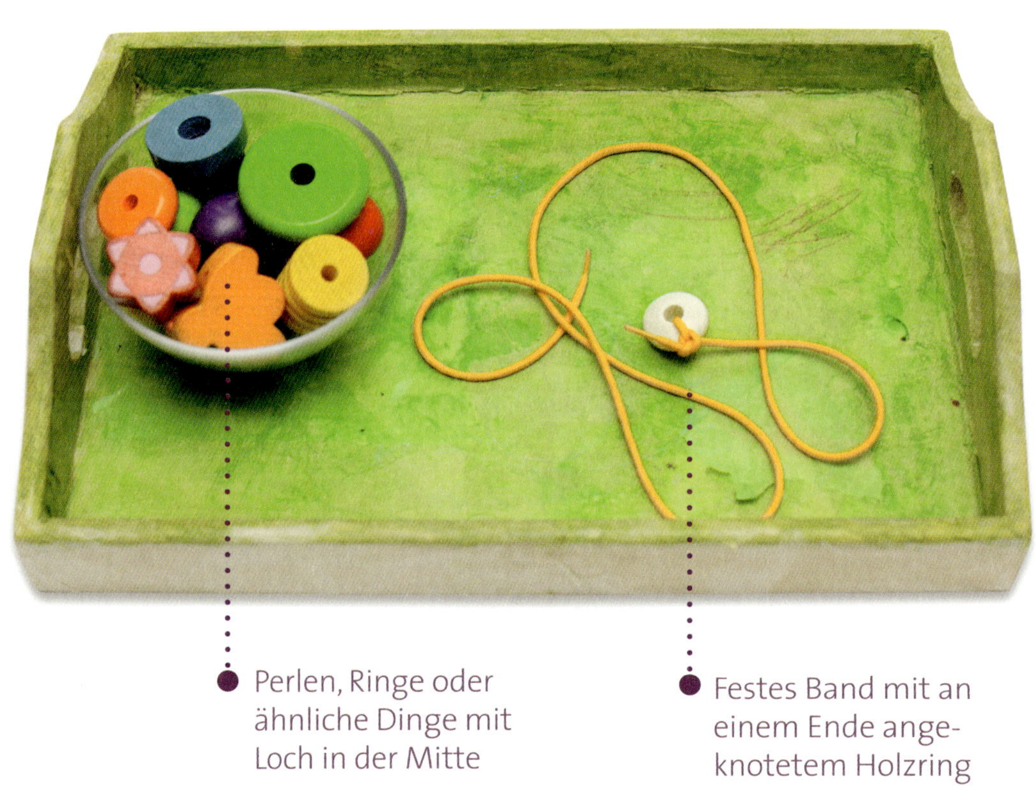

Perlen, Ringe oder ähnliche Dinge mit Loch in der Mitte

Festes Band mit an einem Ende angeknotetem Holzring

Was kann man mit dem Tablett tun?

Aufgesteckt wird auch bei diesem Tablett, aber statt fester Stangen steckt oder besser fädelt das Kind bei diesem Tablett Dinge auf eine Schnur auf. Ergebnis dieser Spielvariante zum Spielschema „Verbinden" ist dabei eine bunte Kette, wobei die Auswahl der möglichst verschiedenen Teile zum Stecken natürlich unterschiedlich bunte Ergebnisse garantiert.

Leicht ist es, je nach Entwicklungsstand der Kinder den Schwierigkeitsgrad zu variieren, indem wir erst Perlen mit großen Löchern und eine sehr feste Schnur verwenden, später immer feinere Öffnungen und dünne, flexible Fäden verwenden.

Und wussten Sie schon: Nudeln verschiedenster Sorten und Größen lassen sich auch auffädeln.

Was kann das Kind dabei untersuchen und lernen?

Feinmotorik, Pinzettengriff und Auge-Hand-Koordination trainieren: beim konzentrierten Einfädeln der Schnur durch die Öffnung der Perle oder des Holzrings.

Kategorien entwickeln, um Dinge zu ordnen: beim sortierten Aufstecken der Perlen auf die Schnur.

Die Herstellung von Alltagsdingen verstehen: denn Ketten gibt es in der Lebenswelt der Kinder oft zu sehen.

Worauf muss man achten?

Die Kette sollte aufgrund ihrer Kürze und der Größe der aufgesteckten Perlen nicht geeignet sein, sie mehrfach um den Hals zu winden – das könnte gefährlich werden.

Knopf-Tablett:

Jim Knopf

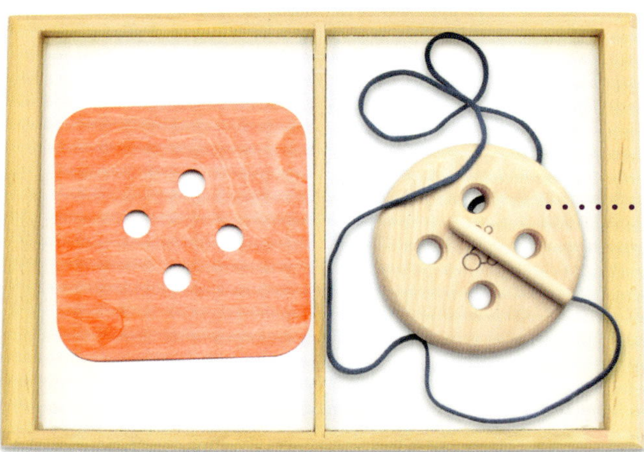

Riesenknopf mit starker Schnur, aus Spielzeugladen

Was kann das Kind dabei untersuchen und lernen?

Die Fortgeschrittenen-Variante der Perlen-Schnur erinnert an ein Alltagsphänomen zum Thema Verbinden, nämlich den durch viele Garnschlingen befestigten Knopf. Sicherlich haben schon kleine Kinder darüber gestaunt, dass dieser sich bisweilen ablöst.

Wie er zu befestigen ist, kann an dem großen Übungsknopf untersucht werden, der ein Tablett um sich braucht, damit ein Kind diese Aufgabe in einer ruhigen Raumecke, am besten mit Blick an die Wand, konzentriert ausführen kann.

Flecht-Tablett:

Zopf ohne Kopf

Was kann das Kind dabei untersuchen und lernen?

Auch beim Flechten von Zöpfen entsteht aus alltäglichen Dingen plötzlich eine feste und formschöne Verbindung. Auf einem Klemmbrett, dessen Klemme die zusammengeknoteten drei Wollfäden fixiert, gelingt es Kindern gut, diese kniffelige Aufgabe durch beharrliches Ausprobieren zu meistern.

Schatzsucher-Tablett:
Goldgräber

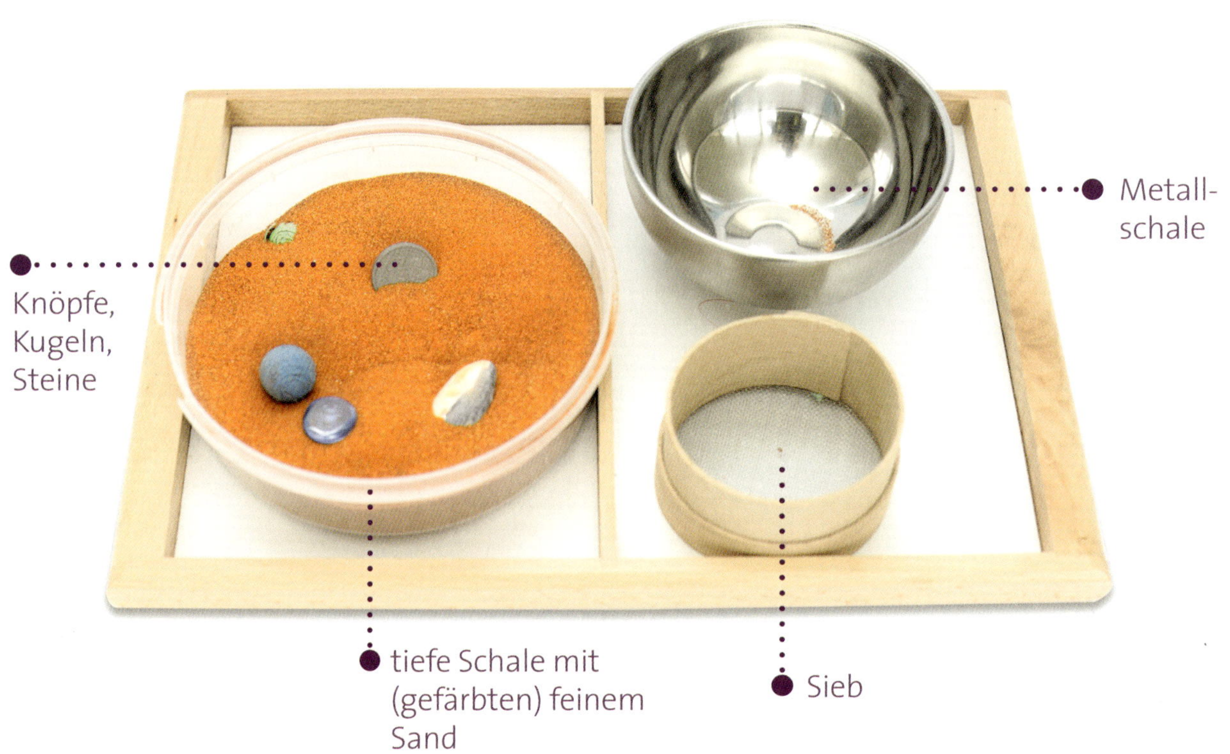

Was kann man mit dem Tablett tun?

Eine Schale mit Sand birgt Überraschungen: Ähnlich, wie Kinder beim Graben im Spielsand plötzlich verloren geglaubtes Sandspielzeug wiederfinden, können sie auch in dieser kleinen Schale zunächst unsichtbare Schätze entdecken. Die Alltagsmaterialien mit dem Sieb aussieben. Statt einfach mit dem Finger im Sand zu wühlen, liegt das Sieb – hier sollte man immer ein möglichst attraktives, feines Modell verwenden – als interessantes Werkzeug bereit. Man kann das Sieb wie eine Schaufel in die große Schüssel eintauchen, um dann rüttelnd den Sand wieder zurückkrieseln zu lassen und am Ende die versteckten Gegenstände (die man ab und zu ersetzen könnte, um es spannend zu machen) vorzufinden und im Metallbehälter zu sammeln.

Was kann das Kind dabei untersuchen und lernen?

Untersuchung des Falls: Interessant, dem Rieseln des Sandes zuzusehen!
Physikalische Zusammenhänge erforschen: Wie kommt es, dass der Sand durch das Sieb rutscht, die darin verborgenen Dinge aber nicht?
Feinmotorik trainieren: Nicht durch grobes Schütteln, sondern feines Rütteln rieselt der Sand am schnellsten durch das Sieb.
Gegenstände anhand weniger Eigenschaften erkennen: Schon beim ersten Auftauchen einer Ecke eines der verborgenen Gegenstände stellen die Kinder Mutmaßungen an, welches Ding sie gerade ins Sieb geschaufelt haben. Stimmt's?

Worauf muss man achten?

Das Sieb muss deutlich kleiner als die Plastikschüssel sein, sonst „versandet" das Tablett schnell. Keinen für Kinder ungeeignetem Vogelsand verwenden!

Spiegel-Tablett:

Spieglein, Spieglein an der Wand

Feiner Sand, der die ganze Spiegeloberfläche bedeckt.

Spiegel, der die ganze Tablettunterseite einnimmt (Spiegelfolie oder vom Glaser zurechtgeschnittener, eingeklebter abgerundeter Spiegel)

Topfbürste, Zahnbürste, Schwammpinsel, Schwamm

Was kann man mit dem Tablett tun?

Einen „Schatz" im Sand kann das Kind auch bei diesem Tablett entdecken. Auf die Suche geht es mit Werkzeugen, die im Sand Spuren erzeugen oder ihn beiseite schieben, eben mit Bürsten und Pinsel. Das Bild, was sich unter dem Sand bietet, ist immer überraschend, denn es handelt sich um das Spiegelbild des Kindes. Weil kein Aufnahmegefäß, kein Löffel bereitliegen, kann man den Sand nie ganz entfernen, sondern verdeckt automatisch beim Freilegen einer Spiegel-Ecke eine vorher geschaffene – Verdecken und Entdecken in einem.

Was kann das Kind dabei untersuchen und lernen?

Ursache-Wirkungsverhältnisse untersuchen: Jedes der Werkzeuge hinterlässt im Sand eine andere, charakteristische Spur.

Einzelheiten wahrnehmen, genau beobachten: beim Erforschen, welches Bild in den kleinen, freigelegten Stellen im Sand zu finden ist. Ist das mein Auge, ist das ein Haar?

Feinmotorik trainieren: Durch möglichst erschütterungsfreies Herumfahren rutscht der Sand nicht so schnell nach und es bleiben größere Bildflächen gleichzeitig erhalten.

Worauf muss man achten?

Der Sand muss immer trocken sein: Nass wird der Spiegel klebrig, und der klare Blick auf sich selbst ist dahin.

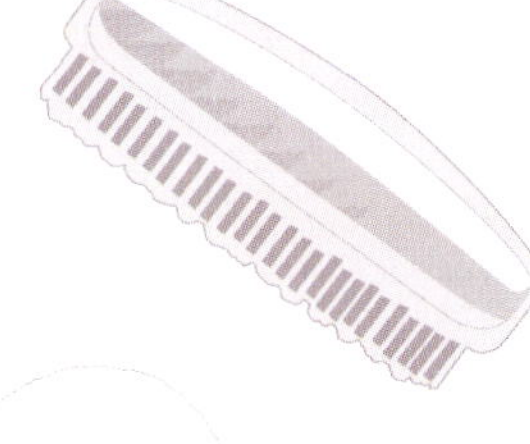

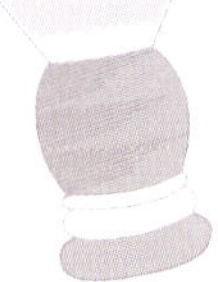

Spuren-Tablett:

Locker von der Rolle

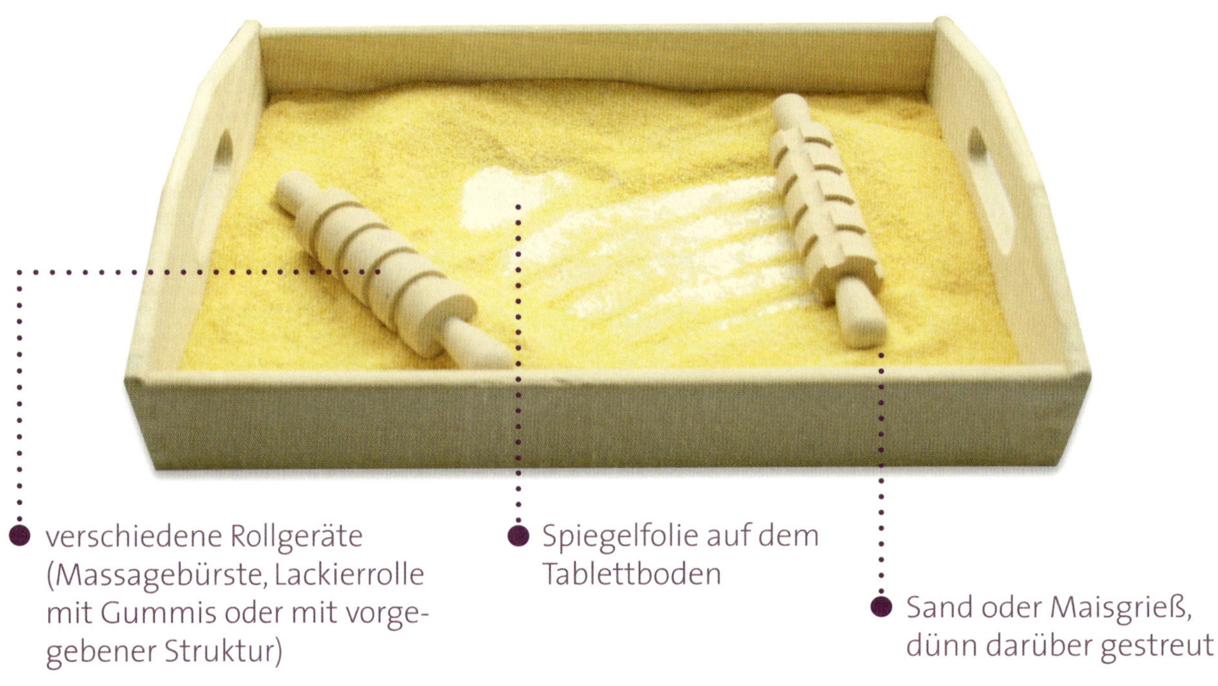

verschiedene Rollgeräte
(Massagebürste, Lackierrolle
mit Gummis oder mit vorge-
gebener Struktur)

Spiegelfolie auf dem
Tablettboden

Sand oder Maisgrieß,
dünn darüber gestreut

Was kann man mit dem Tablett tun?

Zu den charakteristischen Eigenschaften jedes Dings zählt auch die Frage, welche Spur er hinterlässt. Als häufige Sandkastenbesucher und Tierfreunde dürfte dieses Phänomen der Aufmerksamkeit kleiner Kinder nicht entgangen sein. Auf diesem Tablett ist es möglich, selbst aktiv Spuren zu erzeugen, indem das Kind mit den verschiedenen Rollgeräten durch den Sand pflügt. Zu zweit könnte man daraus ein Ratespiel machen und fragen, welches der Geräte welche Spur hinterlassen hat.

Was kann das Kind dabei untersuchen und lernen?

Formen und Abbilder begreifen: indem das Kind Zusammenhänge zwischen der erhabenen Form an der Rolle und dem Abdruckmuster herstellt.

Eine Gestaltungsabsicht entwickeln: denn es liegt nahe, mit den Rollen gezielt Muster erzeugen zu wollen.

Feinmotorik trainieren: indem das Bedürfnis des Kindes geweckt wird, möglichst klare Muster zu erzeugen, was am besten mit gleichmäßigem Druck und geradem Führen der Rolle geschieht.

Worauf muss man achten?

Es lohnt sich, die Grundidee des Spurenerzeugens gleichzeitig auch in größerem Rahmen anzubieten – zum Beispiel beim Malen mit Rollen.

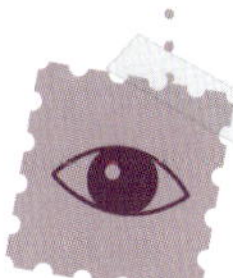

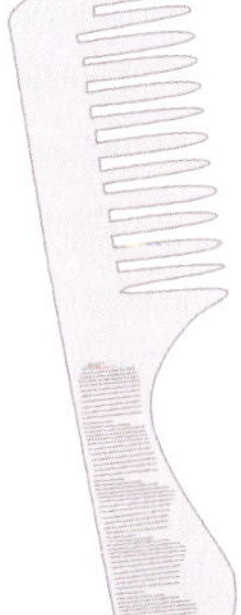

Mal-Tablett:

Mal mal was

Papierbögen im DIN A 4
Format, möglichst fest

Gute, stets gespitzte
Stifte oder Wachskreiden

Was kann man mit dem Tablett tun?

Kleine, aber feine Unterschiede zur Malecke machen dieses Tablett zum Clou: Wenn das Tablettfach zum Malen kaum größer ist als das Papier, bietet das Tablett eine gute Führung – kein rutschendes Blatt. Und indem wir das Zeichnen auf diese Weise zum Tablett-Thema erheben, bietet sich Kindern, die Ruhe zum Tun brauchen, die Möglichkeit, ganz konzentriert Experimente mit Stift und Papier zu machen.

Was kann das Kind dabei untersuchen und lernen?

Feinmotorik und Auge-Hand-Koordination: beim gezielten Erzeugen von Linien und Kurven.
Entwickeln von Kreativität und Fantasie: beim Zeichnen von Formen mit und ohne zugesprochener Bedeutung.

Worauf muss man achten?

Wie bei allen Malangeboten für kleine Kinder: Auf festes Papier, das Druck beim Kritzeln standhält. Darauf, dass die Stifte stets gespitzt bereitliegen, denn ungespitzte, innerlich gar zerbrochene Stifte frustrieren ungemein. Bei älteren Kindern kann es angebracht sein, einen leicht zu bedienenden Spit-
zer mit auf das Tablett zu legen – oder einfach ein Tablett mit angeschraubter Spitzmaschine bauen, auf das die unangespitzten Stifte umgelagert werden.

Bastel-Tablett:

Schnipp & Kleb

DIN A4-Papiere

Bunte Papierstücke, möglichst groß, vielleicht sogar Transparentpapiere

Klebestift

Was kann man mit dem Tablett tun?

Trennen und Verbinden, Bedecken und Aufdecken: Diese beliebten Spielschemen üben Kinder aus, ohne damit immer eine gestalterische Absicht zu verbinden. Gerade das scheinbar sinnlose „Schneiden um des Schneidens Willens" hat schon viele Begleiter kleiner Kinder begeistert oder genervt. All das ist auf diesem Tablett möglich: Die bunten Papierfetzen können mit oder ohne Schere zerteilt werden, um dann mit dem Kleber auf ein weißes Blatt aufgeklebt werden. Es wäre schade, die dabei entstehenden Bilder als „Kunstwerke" des Kindes auf Teufel komm raus zu sammeln oder den Eltern auszuhändigen, denn an ihnen können die Kinder später das beliebte Abzupfen von Aufgeklebten (bei Tapeten eher ungern gesehen) ausüben.

Was kann das Kind dabei untersuchen und lernen?

Feinmotorik und Auge-Hand-Koordination trainieren: bei den unterschiedlichen motorischen Herausforderungen dieses Tabletts.
Einblick in Phänomene: wenn sich beim Verwenden von Transparentpapier durch Überlagerung Farbmischungen ergeben.
Entwickeln von Kreativität und Fantasie: beim Collagieren von Formen mit und ohne zugesprochener Bedeutung.

Worauf muss man achten?

Auf eine kleinkind-geeignete Schere, die auch ohne Dauer-Aufsicht, die Spaß verderben mag, benutzt werden kann. Auf stets einsatzbereiten Kleber.

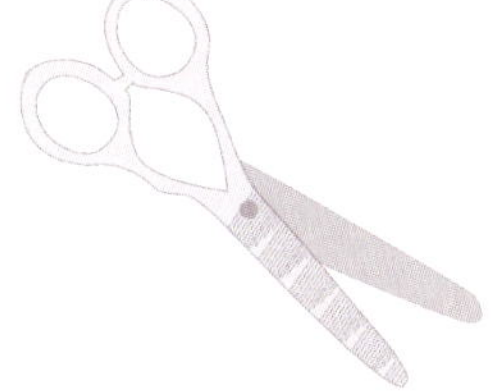

Schlösser-Tablett:

Schloss und Schlüssel

- eine kleine Schale mit den passenden Schlüsseln

- vier verschiedene Schlösser

Was kann man mit dem Tablett tun?

Vier Schlüssel und vier verschlossen daliegende Schlösser: Klar, dass es herauszufinden gilt, was zu wem passt. Um schließlich vier geöffnete Schlösser vor sich liegen zu haben, müssen Kinder eine ganze Menge Schritte beherrschen: Zuordnen, was wozu passt, den Schlüssel richtig ins Loch stecken, die Drehrichtung herausfinden, einen je nach Schloss großen oder kleinen Widerstand beim Drehen überwinden und den ebenfalls von Schloss zu Schloss unterschiedlichen Schließmechanismus erleben und verstehen. Fertig ist das Schlüssel-Spiel, wenn das Kind am Ende herausgefunden hat, auf welche Weise jedes Schloss wieder zugeklickt oder zugeschlossen werden kann.

Was kann das Kind dabei untersuchen und lernen?

Feinmotorik-Training und Auge-Hand-Koordination: Nur durch eine geschickte Drehbewegung mit der einen und sicheres Festhalten mit der anderen Hand lässt sich ein Schloss öffnen.
Selbstbewusstsein: Normalerweise haben Erwachsene die „Schlüsselgewalt" und können mithilfe dieses scheinbaren Zauberdings Türen öffnen. Es tut Kindern gut und macht ihnen Spaß, diese Kompetenz zu erwerben!
Genau beobachten und Zusammenhänge herstellen: Welcher Schlüssel zu welchem der Schlösser passt, kann man entweder ausprobieren und sich merken – oder man stellt durch genaues Beobachten fest, welcher Schlüssel von Form und Größe zu welchem Schlüsselloch passen könnte.
Beginnen, Mechanik zu begreifen: Was könnte im Inneren eines Schlosses passieren, wenn man den Schlüssel dreht?

Worauf muss man achten?

Nix für unbeaufsichtigte Kleinkinder: Klar, dass die kleinen Schlüssel vor Kindern, die noch alles unbedacht in den Mund nehmen, geschützt werden müssen.

Schraubverbindungs-Tablett:

Passt zusammen

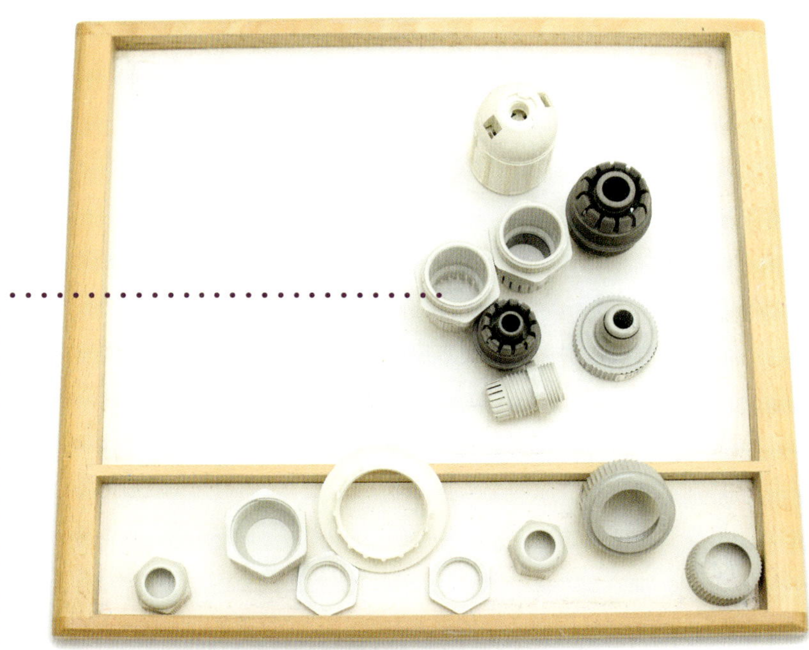

● unterschiedliche Schraubverbindungen z.B. von
Lampenfassungen

Was kann man mit dem Tablett tun?

Jede Schraube kann ein Rätsel für Kinder sein, spannender als manches Spielzeug: Wie herum drehe ich das Ding? Reicht meine Kraft? Brauche ich Werkzeuge? Auf diesem Tablett versammeln wir eine Reihe eher großformatiger, leicht zu erwerbender Schraubverbindungen. Weil die zu verschraubenden Dinge unterschiedliche Durchmesser und Gewindesteigungen haben, dauert es eine ganze Weile, bis man für eine Schraube das passende Gegenstück gefunden hat. Eine kniffelige, aber den Ehrgeiz der Kinder weckende Aufgabe ist es ferner, danach die „Schraubenmutter" passend auf das Gewinde aufzusetzen, um sie schrauben zu können.

Was kann das Kind dabei untersuchen und lernen?

Auge-Hand-Koordination und Feinmotorik trainieren: Wie setze ich das Mutterstück richtig auf das Gewinde? Wie herum drehe ich die Schraubenmutter, wie halte ich die „Schraube" sicher gegen?

Einblick in Mechanik gewinnen: Wie kommt es eigentlich, dass eine Schraube so fest hält?

Einen Alltagsgegenstand genau untersuchen: Es ist faszinierend, einmal den Gang des Schraubgewindes auf seinem langen Weg vom Ansatz bis zum Ende mit dem Finger zu verfolgen.

Auf Alltagsphänomene aufmerksam werden: Wo begegnen wir Schraubelementen wie den von uns untersuchten? Wozu dienen uns diese Teile wirklich?

Worauf muss man achten?

Wie bei allen anderen Materialien aus Baumärkten müssen wir auch hier alles vor dem Auslegen einem Sicherheitscheck unterziehen: Gibt es scharfe, mithilfe von feinem Schmirgelpapier leicht zu glättende Kanten? In den Lampenfassungen gibt es Kleinteile, die ein Verschluck- oder Verletzungsrisiko bergen könnten, aber leicht mithilfe eines Schraubenziehers entfernt werden können.

Schalter-Tablett:

Schalten und walten

● Verschiedene Formen von Schaltern, die Kindern im Alltag begegnen: Klappschalter, Drehschalter, Taster, Fernbedienung etc.

Was kann man mit dem Tablett tun?

Schon sehr früh beginnen Kinder, sich für Schalter zu interessieren. Kein Wunder, passiert doch beim Druck darauf meistens etwas besonderes. Aber auch das pure Bedienen der klickenden, umklappenden, drehbaren Schalter reizt Kinder motorisch, sodass wir auf diesem Tablett eine Reihe Schalter versammelt haben, die schön zu schalten sind, auch wenn keine Funktion damit verbunden ist. Herauszufinden ist vom Kind, wie man jeden Schalter bedient, wie man ihn also festhält und gleichzeitig drückt, dreht oder umlegt.

Was kann das Kind dabei untersuchen und lernen?

Feinmotorik trainieren: Welche Bewegung ist für welchen Schalter notwendig? Wie halte ich ihn mit der zweiten Hand fest?

Alltag verstehen: In welchem Zusammenhang begegne ich den hier isoliert liegenden Schaltern? Welche Dinge werden damit angeschaltet? Wie sieht der Schalter, den ich sonst nur eingebaut erlebe, innen und von hinten aus?

Worauf muss man achten?

Keine schaltbaren Steckdosen o. ä. auf dem Tablett auslegen, die nahelegen, dass man auch mit echten stromführenden Teilen ähnlich spielen kann. Auf die Gefahren, die von echten Schaltern ausgehen, hinweisen!

Mechanik-Tablett:

In der Maschine

zwei oder drei bewegliche Teile, aus-
gebaut aus einem alten CD-Player
oder Kassettenrekorder

Was kann man mit dem Tablett tun?

Erstaunlich früh interessiert es Kinder, mehr über das Innere von alltäglichen Elektrogeräten zu erfahren. Kein Wunder, finden wir dort doch viele Dinge vor, die gerade die Jüngsten begeistern: Drehbare Rädchen, glitzernde und merkwürdig geformte Teile... Auf dem Mechanik-Tablett liegen solche Teile bereit für erste Untersuchungen durch die Kinder. Am Innenteil von Kassettenrekorder und CD-Player, durch konsequentes Auseinanderschrauben aus einem Altgerät geborgen, können Rädchen gedreht, Keilriemen damit in Gang gesetzt oder Tasten gedrückt werden. Die Kinder können Mutmaßungen anstellen, wozu diese Dinge einmal an ihrem alten Ort gedient haben könnten.

Was kann das Kind dabei untersuchen und lernen?

Mechanik verstehen: Wie kann man an einer Stelle Kraft einsetzen, um an ganz anderen Stellen Bewegung zu erzeugen?
Technik verstehen: Auf welche Weise könnte das ausgebaute Teil einmal eine wichtige Funktion in dem Gerät gehabt haben?
Über Strom nachdenken: In welcher Form hat ursprünglich Strom die Bewegung in Gang gesetzt, die man jetzt mit dem Finger erzeugen kann? Was ist das für eine Kraft, und woher kommt sie?

Worauf muss man achten?

Es dürfen keine scharfkantigen, spitzen oder Flüssigkeiten absondernden Dinge benutzt werden.

Auseinanderschraub-Tablett:

Auf die Schrauben – fertig los!

Was kann das Kind dabei untersuchen und lernen?

Kinder, die schon geschickt mit Schraubenzieher umgehen, können sich auch schon selbst auf den Weg „in die Maschine" machen – siehe vorheriges Tablett. Dafür liegt auf diesem Tablett ein Gerät – oder ein großes Teil aus einem solchen – bereit, dazu ein Schraubenzieher. Dieser muss gut ausgewählt sein, sodass er in den jeweiligen Schrauben des Gerätes nicht wackelt, damit die Kinder ohne allzu große Kraft schrauben können. Bei sehr festen Schrauben ist es gut, sie vorab zu lockern! Eine ganze Weile kann das Gerät auf dem Tablett nun weiter und weiter zerlegt werden. Abgeschraubte, geeignete Teile könnten auf weiteren „In der Maschine"-Tabletts bereitgestellt liegen.

Schrauben-Tablett:

Mutter Schraube

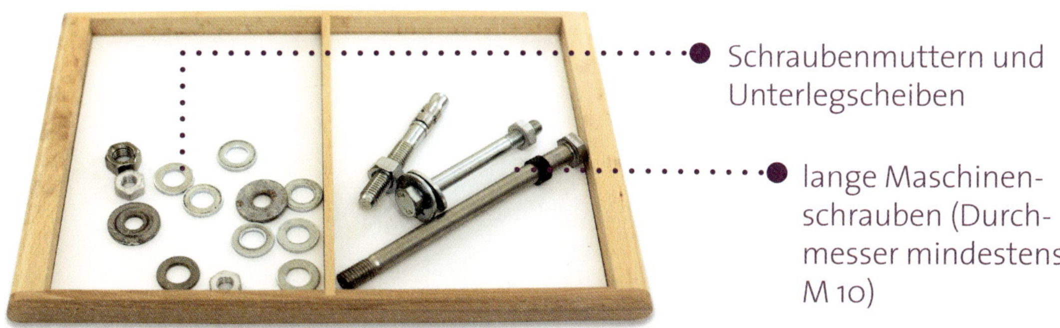

Schraubenmuttern und Unterlegscheiben

lange Maschinenschrauben (Durchmesser mindestens M 10)

Was kann das Kind dabei untersuchen und lernen?

Eine Variation des „Passt zusammen"-Tabletts für fortgeschrittene Schrauber: Statt Plastik-Schraubverbindungen liegen auf diesem Tablett nun Maschinenschrauben mit Mutter und Unterlegscheiben bereit, welche die Kinder wohl als „echte" Schrauben begreifen werden. Weil auch diese Schrauben unterschiedliche Durchmesser haben, gilt es herauszufinden, welche Mutter wo passt und wie man die Unterlegscheiben am sinnvollsten verteilt.

Hunde-Napf-Tablett:

Schaum-Traum

Was kann man mit dem Tablett tun?

Aus scheinbarem Nichts etwas entstehen lassen: Einem solchen Phänomen können Kinder an diesem Tablett nachgehen. Der Grundaufbau ist simpel und wäre auch für kleinste Kinder eine faszinierende Untersuchungsmöglichkeit: Der Doppel-Hundenapf verführt Kinder schon, ist er nur mit Wasser gefüllt, dazu, die Flüssigkeit von einem zum anderen Napf zu transportieren. Als Transportmedium liegt bei diesem Tablett ein Schwamm bereit, der durch Zusammendrücken und Aufgehenlassen Wasser aufnimmt und andersherum wieder abgibt – ein kompliziert zu erklärendes Phänomen! Weil das Wasser mit Spülmittel versetzt ist, geht das Hantieren mit dem Schwamm mit einem weiteren Phänomen einher: Plötzlich bilden sich mehr und mehr Schaumbläschen. Bald versteht das Kind durch beharrliches Probieren, auf welche Weise man besonders viel Schaum produzieren kann. Ein Tablett, bei dem Kinder ganz in Ruhe etwas untersuchen können, was sie wohl sonst nur am Spültisch erfahren können!

Was kann das Kind dabei untersuchen und lernen?

Ein Phänomen untersuchen 1: Wieso kann der Schwamm Wasser aufnehmen, und wo versteckt sich im schweren, gefüllten Schwamm das Wasser?
Mengen untersuchen: Wie viel Wasser passt in einen Schwamm? Geht Wasser beim Aufsaugen und Herauspressen verloren?
Ein Phänomen untersuchen 2: Wie entsteht Schaum? Unter welchen Bedingungen vergrößert er sich, und wann verschwindet er wieder?
Wahrnehmung verfeinern: indem das Kind den Schaum als Zusammenballung vieler kleiner Kugeln erkennt, Spiegeleffekte und Regenbogenfarben innerhalb größerer Schaumbläschen entdeckt.

Worauf muss man achten?

Ökologischen Spülmitteln mit guter Verträglichkeit ist – auch wenn die Kinder den Schaum oder das Wasser nicht einnehmen werden – unbedingt Vorzug zu geben!

Magnet-Tablett:

Zauberhexe Magneta

Was kann man mit dem Tablett tun?

Fast magisch mag Kleinkindern das Phänomen des Magnetismus erscheinen: Eine Kraft, die klug eingesetzt, bestimmte Dinge von ihrem Platz wegbewegen kann! Auf und ausnahmsweise auch unter diesem Tablett geht es darum, Gegenstände durch die Kraft des Magnetismus in Bewegung zu versetzen. Dazu liegen auf dem Tablett metallische und damit magnetische Gegenstände wie die Büroklammern bereit, während der Magnet dazu dient, unter dem Tablett bewegt zu werden und so die Kugeln wie auch Büroklammern scheinbar von Zauberhand zu bewegen. Der Lautsprecher mit seiner stark magnetischen Rückseite kann dagegen dazu dienen, wie mit einem Staubsauger am Ende die magnetischen Teile einzusammeln – oder einfach als Zusatzmagnet unter der Tablettfläche eingesetzt zu werden. Im dünn ausgestreuten Sand hinterlassen die wandernden Metallteile effektvolle Spuren. Wer an dieses faszinierende Material herankommt, könnte statt des Sandes auch feine Eisenspäne verwenden, die durch die Anziehungskraft der Magneten in scheinbar kristalline Formen zusammengezogen werden!

Was kann das Kind dabei untersuchen und lernen?

Ein Naturphänomen untersuchen: Magnetismus ist eine hoch spannende Sache!
Erste Erfahrungen beim Experimentieren machen: denn schnell fangen Kinder an, im Tun Gesetzmäßigkeiten herausfinden zu wollen!
Koordination trainieren: indem das Zusammenspiel beider Hände gefragt ist.
Form und Abbild begreifen: weil Kugeln und Klammern höchst unterschiedliche Spuren hinterlassen.
Ein rationales Weltbild entwickeln: weil es keine Zauberei ist, was zuerst so aussieht!

Worauf muss man achten?

Für alle Tabletts gilt: Tabletts mit Kleinteilen für Kleinkinder unter drei Jahren unerreichbar aufbewahren und nur unter direkter Aufsicht benutzen.

Uhren-Tablett:

Von Zeit zu Zeit

eine Armbanduhr

drei Kurzzeitwecker
mit unterschiedlicher
Bedienungsweise

Was kann man mit dem Tablett tun?

Kleinkinder können die Uhr nicht lesen, und sie haben wenig Verständnis für Zeitabläufe, interessieren sich aber nichtsdestotrotz oft sehr für Uhren aller Art. Einige von ihnen finden sich auf diesem Tablett versammelt. Während die Armbanduhr nur für feinmotorisch sehr begabte Kinder verstellbar sein dürfte, also eher zum Betrachten geeignet ist, lassen sich die Kurzzeitwecker aufziehen, um nach einiger Zeit zu klingeln. Ihre Skalen lassen auch schon kleine Kinder erahnen, was sich beim Hantieren schnell als wahr erweist: Es kann sich dabei um kürzere oder längere Zeitabschnitte handeln. So können Kinder an diesem Tablett erste Erfahrungen mit der vergehenden Zeit machen.

Was kann das Kind dabei untersuchen und lernen?

Motorik üben: Die Drehbewegung des Handgelenks zum Aufziehen der Wecker will geübt sein.

Zeitgefühl bekommen: Beim Warten auf das Klingeln der Wecker erfahren Kinder sehr bewusst einen längeren Zeitabschnitt.

Mathematische Vorerfahrungen machen: Im Vergleich zwischen der Wartezeit beim Wecker und dem Fortschreiten der Zeiger auf der Armbanduhr mag sich ein erstes Bewusstsein einstellen, wie man Zeit messbar machen kann.

Akustische Erfahrungen machen: (Fast) alle der Uhren ticken – unterschiedlich. Wer kann einen Wecker am Ticken, am Klingelgeräusch heraushören?

Worauf muss man achten?

Leichte Verletzungsgefahr, wenn die Armbanduhr zum freien Spielen verwendet wird und allzu eng umgeschnallt wird.

Licht-Tablett:

Es werde Licht

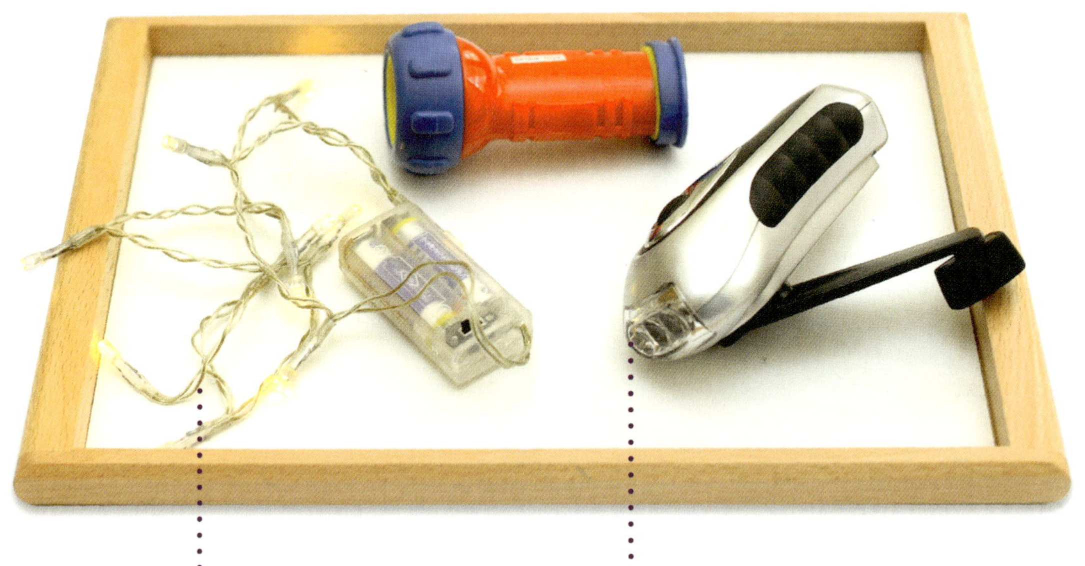

ein Schalter und eine
kleine Lichterkette,
batteriebetrieben

unterschiedliche Taschen-
lampen: eine mit Batterie
betrieben, eine Kurbellampe

Was kann man mit dem Tablett tun?

So selbstverständlich ist elektrisches Licht für unser Leben, dass sich Kinder schon von früh an kaum darüber wundern, wie dieses eigentlich entsteht. Auf dem Tablett kann elektrisches Licht hingegen genau betrachtet werden, denn es liegen mehrere Taschenlampen bereit, deren Birnchen genau betrachtet werden können, um den Glühfaden zu sehen. Während das Kind bei der klassischen Taschenlampe das Batteriefach und damit die Energiequelle untersuchen kann, kann es bei der Kurbellampe erfahren, dass Energie auch mit dem eigenen Körper erzeugt werden kann: Nur, wenn ich Kraft aufwende, kann die Lampe leuchten. Ältere Kinder können natürlich auch eingeladen werden, die Batterie-Taschenlampe wie bei den Auseinanderschraub-Tabletts in Einzelteile zu zerlegen – es gibt wenige Geräte, die sich dafür so gut eignen wie diese!

Was kann das Kind dabei untersuchen und lernen?

Zusammenhänge verstehen: Ohne Schalter und Energiequelle leuchtet kein Licht.

Ein Phänomen untersuchen: Licht entsteht in einer Lichtquelle – in diesem Fall im Glühfaden.

Alltagszusammenhänge begreifen: Vieles von dem, was unseren Alltag prägt, ist auf ähnliche Weise von Strom abhängig.

Feinmotorik und Geschicklichkeit trainieren: wenn die Lampe teilweise demontiert und wieder zusammengesetzt wird.

Worauf muss man achten?

Erklären müssen wir, dass wir es hier mit ungefährlichem Batteriestrom zu tun haben, während alle „richtigen" Lampen mit gefährlichem Strom betrieben sind und außerdem zu heiß zum Untersuchen sind.

Das Weihnachts-Tablett und viele weitere Tablett-Ideen

Das Weihnachtstablett

Material:

o Becher

o Schaufel

o Maisgrieß

o Sieb

o Leere Schale

o Kleine Weihnachsmotive

Was kann man mit der Tablettmethode noch tun?

Das letzte Tablett in diesem Buch passt eigentlich gar nicht richtig zu unserer Methode: Nicht eine einzige klare Aufgabenstellung bietet das Tablett, sondern eine Vielzahl von Experimentiermöglichkeiten – die Kinder können schütten, sieben und Schätze suchen. Und es wird ein inhaltliches Thema angeschnitten, nämlich die Weihnacht mit ihren typischen Dekorationsformen. Wir haben diese Idee eines Krippenteams in dieses Buch aufgenommen, um zu zeigen, wohin die Beschäftigung mit den Tabletts in der Krippe führen kann und sollte: Zwar empfehlen wir, zunächst mit Tabletts mit klaren Aufgabenstellungen anzufangen, den Kindern Rahmen und Orientierung geben, aber nichts spricht dagegen, das Thema zu öffnen, wenn die Tablett-Methode erst einmal gut angekommen ist (und das tut sie erstaunlich schnell!). Mitunter schlagen ältere Kinder sogar selbst vor, welches Spiel man auf einem neuen Tablett anbieten könnte, und sind dann stolz darauf, wie begeistert die anderen Kinder daran arbeiten.

Tabletts zu konzipieren, macht nämlich Spaß – nicht nur Erzieherinnen und Erziehern, sondern auch Eltern und wohl auch Kindern. Es ist ein schönes Thema für einen Elternabend, sich gemeinsam zum Tablett-Entwickeln zu treffen: Wenn Eltern gemeinsam mit Erzieherinnen überlegen, welche Gegenstände sie den Kindern auf ein Tablett legen könnten, dann denken sie ganz automatisch darüber nach, was das Kind gerade besonders gerne tut, statt an das zu denken, was es ihrer Ansicht nach gerade tun und lernen sollte.

Also: Nehmen Sie das Thema, mit dem sich die Kinder gerade so intensiv beschäftigen, nicht nur auf das sprichwörtliche Tapet, sondern ganz wörtlich auf das Tablett!

Autoren und Verlag

Antje Bostelmann

Antje Bostelmann ist ausgebildete Erzieherin und bildende Künstlerin. 1990 gründete sie KLAX, anfangs als private Malschule und Nachmittagsbetreuung mit künstlerischem Schwerpunkt, heute ein überregionaler Bildungsträger mit Krippen, Kindergärten und Schulen in Deutschland und Schweden. Sie entwickelte die KLAX-Pädagogik, ein modernes pädagogisches Konzept, welches das Kind in den Mittelpunkt der pädagogischen Arbeit stellt und das allen KLAX-Einrichtungen zu Grunde liegt. Als Erfinderin der KLAX-Pädagogik ist sie maßgeblich an der Etablierung der Portfolioarbeit und des selbstorganisierten Lernens in Deutschland beteiligt. Dabei engagiert sie sich für einen europaweiten pädagogischen Austausch und für die Umsetzung der von der UN in der Welt-Dekade „Bildung für nachhaltige Entwicklung" ausgerufenen Inhalte. Sie entwickelt Lern- und Spielmaterialien für die Arbeit in Kindergarten und Krippe und ist als Referentin bei internationalen Kongressen, Workshops und Fortbildungen sehr gefragt. Seit 1995 hat sie zahlreiche pädagogische Fachbücher veröffentlicht, darunter viele Bestseller. Antje Bostelmann ist Mutter von drei Kindern und lebt in Berlin.

Michael Fink

Michael Fink hat an der Universität der Künste Berlin Bildende Kunst auf Lehramt studiert. Nach mehrjähriger Tätigkeit an einer Grundschule begann er seine mittlerweile langjährige Zusammenarbeit mit KLAX. Er entwickelte dort mit und für Kolleginnen aus der Praxis Konzepte für die Arbeit in Kinderateliers, Portfolio- und Krippenarbeit. Michael Fink hat an vielen KLAX-Veröffentlichungen als Autor mitgewirkt, eigene kunstpädagogische Bücher und zahlreiche Fachartikel verfasst. Michael Fink ist Vater von drei Töchtern und lebt in Berlin.

Bananenblau Verlag

Der Bananenblau Verlag wurde 2010 von Antje Bostelmann gegründet. Als Praxisverlag für Pädagogen besteht das Ziel von Bananenblau in der Veröffentlichung pädagogischer Fachpublikationen, die sich durch ihre Aktualität und ihren praktischen Bezug auszeichnen. Die Praxisbücher sollen Pädagogen eine Hilfe sein und ihnen wertvolle Anregungen und Tipps für den Berufsalltag geben. Fundament der Arbeit des Bananenblau Verlags bildet die langjährige Praxiserfahrung im Bereich der Pädagogik.

Gute Pädagogik
findet man nicht überall

Inhouse-Seminare für Krippen, Kitas und Schulen

Sie suchen für sich und Ihr Team Fortbildungen zu aktuellen pädagogischen Themen? Wir kommen zu Ihnen in die Einrichtung und richten unsere Seminare ganz nach Ihren Bedürfnissen aus. Dabei setzen wir gezielt an Ihrem individuellen Weiterbildungsbedarf an.

Wir bieten unter anderem Fortbildungen zu folgenden Themen an:

- **Die Portfolio-Methode in Krippe, Kindergarten oder Schule**
- **Die Krippe – Eingewöhnung, Entwicklungsbegleitung, Raumgestaltung und Materialauswahl**

Institut für KLAX-Pädagogik   Arkonastr. 45-49, 13189 Berlin   institut@klax-online.de
                                         Tel.: 030-34 74 51 50   www.klax-paedagogik.de

Für Einschenker: Das Schütt-Tablett

Spiel- und Sortiertabletts

Diese Tabletts wurden speziell für Kleinkinder entwickelt. Sie eignen sich hervorragend zum Transportieren, Stapeln, Sortieren, Malen, Ordnen, Legen, als Unterlage und als Rahmen für vielerlei Material. Besonders Krippenkinder werden für diese Tabletts immer neue und kreative Verwendungs- und Spielmöglichkeiten entdecken und erproben.

Schütt-Tablett 2

Inhalt:
1 x Spiel- und Sortiertablett 2,
1 x Krug 0,5 Liter,
1 x Stapelglas,
1 x PE-Trichter,
1 x 500 ml PET-Flasche.
Größe: Tablett 23 x 34 cm.

Material: MDF-Platte, weiß beschichtet, Rahmen Buchenholz.

Art.-Nr.: 103 332   Schütt-Tablett 2

www.dusyma.de
Herstellung und Vertrieb durch Dusyma Kindergartenbedarf GmbH